영업의 神 100법칙

영업의 神^신 100법칙

: 독기로 무장한 100가지 영업 철칙

하야카와 마사루 지음

이지현 옮김

요즘 시대에 '독기로 무장한 100가지 영업 철칙'이라니 시대착오적인 발상이 아니냐며 비웃는 사람이 있을지도 모르겠다.

하지만 요즘처럼 '이도 저도 아닌 시대'일수록 남들과 비슷한 조건의 신출내기 영업사원은 오히려 '몸서리쳐질 정도로 강력하면서도 철저한 어떤 메시지'를 듣고 싶지 않을까?

어중이떠중이식의 영업에 만족하며 매너리즘(mannerism)에 빠져서 고통스러운 나날을 보내고 있는 미숙한 영업사원일수록 '사랑이 듬뿍 담긴 격려'의 메시지를 바라고 있지 않을까?

이런 생각에서 그리고 영업력이 부족한 사람을 구제하기 위해서 이 책을 출판하게 되었다.

인사가 늦었는데, 나는 예전에 '영업의 귀신'이라 불렸던 하야카와 마사루다.

여기서 잠깐! 오해 없길 바란다. '귀신'이라고 해서 무서운 괴물을 상상한다면 곤란하다. '귀신'이라고 해서 고압적인 자세로 자신의 권력을 이용해 아랫사람을 괴롭히는 괴물(power harassment)을 의미하지는 않는다. 가뜩이나 뜨거운 감자인 정신론을 여기서 논할 생각은 전혀 없다.

본래 영업사원이란 무엇인가? 영업사원의 정의란?

'자기 자신까지 완벽하게 설득할 수 있는 좋은 상품을 고객의 문제 해결이나 행복을 위해서 정정당당하게 판매하는 최고의 아티스트'다.

영업사원은 '자신이 신뢰할 수 없는 상품을 회사와 실적을 위해서 벌벌 떨면서 저자세로 팔아넘기는 악취가 진동하는 심부름꾼'이 절대 아니다.

영업은 '인생의 축소판이다'가 나의 지론이다.

인생의 고난과 역경을 극복하기 위해서는 '강인함'이 반드시 필요하다.

내면에 숨겨진 '독기'와도 같은 '절대 흔들리지 않는 용맹스러운 강인함'이 있어야 비로소 질척거리지 않는 온화한 자태를 뽐낼 수 있고, '부처'와 같은 평온한 미소로 침착하게 행동할 수 있다.

시대는 변해도 영업의 본질은 변하지 않는다. 따라서 우리가 가야할 길과 되짚어봐야 할 길은 내가 걸어온 '영업 철칙의 왕도(王道)'다. 단, 세일즈 프로세스나 스킬은 항상 '시대의 최첨단'을 걸어왔다고 자부할 수 있다.

왜냐하면 지금도 생명보험이라는 난관 중의 난관인 영업 조직에서 밤낮 없이 트레이닝에 힘쓰고 영업 기술을 갈고 닦으며 성공을 위한 방법을 연구하는 데에 매진하고 있기 때문이다.

이런 경험을 정리해서 출판한 책은 이 책을 포함해서 12권이다. 항상 현장을 통해서 얻은(in-put) '영업과 육성'의 노하우를 '집필과 강연'을 통해서 사람들에게 전달하는(out-put) 활동을 병행하면서, 그 경험치를 차곡차곡 쌓아올린 '현실성(reality)'이 나의 최대 강점이라고 생각한다.

지난 30여 년 동안 나는 '고객이 찾지 않는 부진한 영업사원'이 도태되는 냉혹한 생명보험의 세계에서 한순간에 무너지는 '일그러진 영업맨'의 뒷모습을 수도 없이 목격해 왔다.

한때 엄청난 기세로 떼돈을 벌었지만 실족해서 한순간에 무너지고만 그들에게는 사실 영업의 본질을 꿰뚫어 보는 능력이 없었다. 제 아무리 지식과 스킬, 전략이 훌륭하더라도 올바른 마음가짐(mind)과 습관을 유지하지 못한다면 단숨에 나락으로 떨어질 수밖에 없다.

그렇다면 구체적으로 어떤 점을 중시하며 영업을 하면 좋을까?

나는 성과보수제(full commission)의 종사자로서, 또한 영업소장 및 지사장, 총괄부장, 본부장, 상임 트레이너로서 최전선에서 다양한 사람들을 지도하면서 현장을 경험했다. 그리고 확신에 이르게 되었다.

내가 현장 체험을 통해서 얻은 것은 바로 수천 명의 데이터를 기반으로 한 현장감 넘치는 '독기로 무장한 100가지 영업 철칙'이다.

돌이켜보면 이 '독기로 무장한 100가지 영업 철칙'을 직접 실천했기에 30대 후반임에도 100명 이상을 이끌며 업계 NO.1의 생산성을 자랑하는 지사를 만들 수 있었다. 주요 항목 '10관왕'을 기록하며 팀원 3분의 1에 해당하는 35명이 MDRT(세계 최정상의 고소득 생명보험설계사로 구성된 세계 조직) 회원인, 업계에서도 깜짝 놀랄만한 멋진 팀으로 성장시킬 수 있었던 것이다. 당시 영업사원 98명 중 97명이 사내 캠페인에서 입상하는 기적도 낳았다.

어쩌면 당신은 타고나길 영업 쪽으로 무능하다며 자포자기한 상태일지도 모른다. 만일 그렇다면 제발 포기하지 않았으면 한다. 지금이라도 당신의 영업 능력을 예술의 경지에 오르게끔 각성시킬 수 있으니까.

자, 지금부터 슬럼프의 지옥에서 벗어나지 못하는 모든 영업사원에게 구체적으로 어떤 영업을 하면 실적을 올릴 수 있는지에 대한 '영업의 신에 비밀과 철칙'을 100가지의 메시지를 통해서 알려주겠다.

단언컨대 시중에 이런 서적은 없을 것이다. 이렇게나 영업 비법을 파격적으로 공개한 서적은 존재하지 않을 것이다. 그만큼 값어치가 있다는 말이다.

이 책을 다 읽은 후에 당신은 '이 방법이라면 바로 실전에 적용해 보고 싶다'며 굉음을 지르면서 영업 전선에 당장에라도 뛰어들고 싶을 것이다.

이 책이 당신의 '마음속에 잠들어 있는 독기'를 깨우는 데에 조금이나마 도움이 된다면 더 큰 바람은 없을 것이다.

저자 하야카와 마사루

CONTENTS

머리말   ● 5

CHAPTER 01 **SKILLS** 신(神)기술

01 거절할수록 잘 팔린다, 먼저 '거절'하라   ● 20

02 '판매 방식'을 팔라   ● 22

03 모든 세일즈 프로세스에서 철저하게 '마무리 closing'하라 ● 24

04 '고객 소개의 연쇄'가 넘쳐나는 대의를 전달하라 ● 26

05 '부담스러운 요구'로 강하게 밀어붙여라   ● 28

06 '소개받기의 7스텝'을 밟아서 고객을 늘려라   ● 30

07 약속은 '발라드'를 부르듯이 유유히 말하라   ● 32

08 약속을 잡고 싶다면 '목적을 두 가지' 제시하라 ● 34

09 '자기 형편'에 맞게 약속 날짜를 정하라   ● 36

10 만날 수 있을 때까지 '이중 구속'을 반복하라 • 38

11 고객의 반론은 '여유로운 미소'로 받아들여라 • 40

12 '마침 잘됐다'로 모든 거절을 처리하라 • 42

13 인상적인 '자기개시'로 길을 열라 • 44

14 자꾸 칭찬해서 '불안·불만'을 끌어내라 • 46

15 이상과 현실의 '격차'를 끌어내라 • 48

16 나불대지 말고 '인터뷰'로 자존심을 자극하라 • 50

17 대답하기 곤란하다면 '숙제'로 받아들고 돌아가라 • 52

18 마무리 단계에서는 다음의 '예고편'을 삽입하라 • 54

19 '가족 데이터'를 철저히 조사하라 • 56

20 '해결사'로서 상품을 제안하라 • 58

21 프레젠테이션은 '위대한 쇼맨'처럼 하라 • 60

22 일부러 자학적으로 '좋은 점'을 강조하라 • 62

23 '사지 않을 리 없다'고 믿고 등을 떠밀어라 • 64

24 '클라이맥스'에는 조용히 유체 이탈을 하라 • 66

25 계약 후 2주일 이내에 '리뷰'를 실행하라 • 68

CHAPTER 02 ACTIONS 신(神)전술

26 모든 이를 이념으로 '세뇌'하라 • 72

27 비전을 선전 문구로 내걸고 '입버릇'처럼 말하라 • 74

28 팔기 전에 '자기 자신'을 완벽하게 설득하라 • 76

29 상품을 팔지 마라, '인생'을 팔아라 • 78

30 '당사자 부가가치'를 옵션으로 팔아라 • 80

31 'SNS'를 구호로 잠재 '회전률'을 높여라 • 82

32 '실패 목록'을 작성해서 반년마다 방문하라 • 84

33 기대를 웃도는 '성실한 사람'이 되라 • 86

34 적극적인 어리광으로 '서로 의지하는 관계'를 만들라 • 88

35 '분위기'를 읽지 마라 • 90

36 잘못된 '높임말'은 쓰지 마라 • 92

37 잘 보이려고 애쓰지 마라, 약점을 드러내라 • 94

38 제멋대로 다음 단계로 '밀어붙여라' • 96

39 '팔아주겠다면 된다'는 식, 비굴한 아첨은 그만둬라 • 98

40 '잘나가는 영업사원'처럼 연기하라　● 100

41 할 수 없는 일은 딱 잘라 '못한다'고 말하라　● 102

42 고객에게 사랑을 받을 때까지 '사랑하라'　● 104

43 때로는 실적에서 벗어나 '감사의 목소리'를 수집하라　● 106

44 고객을 먼저 '이기게 하라'　● 108

45 두 단계 앞의 세일즈 프로세스를 '상상'하라　● 110

46 '감동 극장'의 막을 올려라　● 112

47 고객의 '이웃'으로 판로를 넓혀라　● 114

48 떳떳하게 '땡땡이'쳐라　● 116

49 '계획은 적당'하면 된다. 일단 움직여라　● 118

50 '엔터테인먼트'를 연출하는 개그 영업을 펼쳐라　● 120

51 순수한 '카피캣'이 되라 • 124

52 토크 스크립트를 '달달달 외워라' • 126

53 재생 공장의 '영상'을 스마트폰으로 촬영하라 • 128

54 활동적으로 '뛰어올라 가는' 습관을 길러라 • 130

55 사람이 그리운 고독한 장소에서 '1인 전략 회의'를 열라 • 132

56 모든 수단을 동원해도 안 된다면 나만의 '명당'에서 충전하라 • 134

57 때로는 영업을 중단하고 '영화관'에서 사랑을 공부하라 • 136

58 거울을 보고 '커뮤포메이션'하라 • 138

59 취침 전의 '명상'으로 내일도 새롭게 태어나라 • 140

60 '아침형 체질'로 자신을 개혁하고 주체적으로 일하라 • 142

61 의미 없는 '2차 회식'에 끌려다니지 마라 • 144

62 '술'에 의지하는 영업 방식에서 손을 떼라 • 146

63 타깃을 향해 매진하고 '마음의 면역력'을 단련하라 • 148

64 '이상적인 다이어트'을 숙명으로 받아들여라 • 150

65 '화장실'을 영업 사무실로 개조하라 • 152

66 콤플렉스를 '교정'해서 아픔을 희망으로 바꿔라 • 154

67 손끝을 청결히 하고 '손톱은 바짝 깎아라' • 156

68 '냄새나는' 영업사원이라는 사실을 자각하라 • 158

69 영업용 가방을 '더러운 바닥'에 내려놓지 마라 • 160

70 10년 후의 자신에게 보낼 '투자'를 빼먹지 마라 • 162

71 인연이 맺어질 때까지 '미래의 씨앗'을 계속 뿌려라 • 164

72 스케줄 수첩을 구석구석 '가득' 메워라 • 166

73 '사내 영업'에도 최선을 하라 • 168

74 가족에게 '푸념'하지 마라 • 170

75 과거를 뒤돌아보거나 미래를 걱정하지 마라, '지금'을 살라 • 172

76 하루 종일 머릿속을 '그 일'로 채워라 ● 176

77 탐욕스러운 '욕망'과 정직하게 마주하라 ● 178

78 '포기 시나리오'를 찢어버려라 ● 180

79 결과를 추구하는 '용기'를 갖고 흑백을 가려라 ● 182

80 바람을 읽는 영업 게임을 '평정심'으로 조종하라 ● 184

81 안정과 집착을 버리고 '미학'을 추구하라 ● 186

82 불퇴전의 결의를 다지고 '배수의 진'을 쳐라 ● 188

83 '지금 서 있는 곳'을 깊게 파라 ● 190

84 '위안을 주고받는 동료'와는 반드시 연을 끊어라 ● 192

85 '열심히 하겠다'를 죽은말로 만들어라 ● 194

86 '거짓된 긍정의 사고'에서 벗어나라 ● 196

87 잊었을 만할 때에 찾아오는 '낙관'을 생각하라 ● 198

88 보복이 돌아오기 전의 '거만함'을 알라 ● 200

89 상대방을 비하하기 전에 겸손한 마음을 갖어라 ● 202

90 '기분'을 컨트롤하라 • 204

91 '푸념'을 봉인하고 자신의 발로 걸어라 • 206

92 지옥의 '피해자 병동'에서 빠져나와라 • 208

93 단순한 방관자가 아니라 단 한 명의 '당사자'가 돼라 • 210

94 이상과 마주하고 솔선해서 '책임자'가 되라 • 212

95 성심성의껏 '효도'하며 영업의 혼을 닦아라 • 214

96 '짜릿한' 사람이 될 수 있는 장치를 만들어라 • 216

97 '또 다른 당신'을 내쫓고 직관으로 결단하라 • 218

98 최고의 스킬인 '고결함'을 길러라 • 220

99 '유언장'을 쓰고 마지막 영업에 임하라 • 222

100 인생이라는 영업 드라마의 '주인공'을 연기하라 • 224

마치며 • 226

CHAPTER 01

SKILLS

신(神)기술

물고기가 잡히지 않을 때는 물고기가 생각할 시간을 줬다고 보면 된다.

어니스트 헤밍웨이 Ernest Hemingway

·

자전거 타는 것이 뭐 그리 대수라고?
페달을 밟는 법을 가르쳐 줄 테니 좀 더 빠르게 페달을 밟아라.

손정의 孫正義

·

인생을 너무 어렵게 생각하지 마라.
어둡다면 창문을 열어라. 빛이 들어올 것이다.

나카무라 덴푸 中村天風

01

거절할수록 잘 팔린다
먼저 '거절' 하라

평범한 영업사원은 고객의 거절에 심한 스트레스를 받는다. 아무리 뛰어난 스킬과 풍부한 지식을 겸비했더라도 이런 '두려움'은 영업사원의 능력을 마비시킨다. 그렇다면 본래의 능력을 어떻게 하면 '재가동' 시킬 수 있을까?

답은 의외로 간단하다. 고객이 '영업사원'을 경계하는 이유에 대해서 생각해 보면 된다. 바로 '영업을 하기 때문'이다.

고객이 생각하는 '영업사원의 이미지'는 '뭔가를 팔려는 사람'이다. 그러니 '뭔가를 팔려고 당신을 찾아온 것이 아니다'를 철저하게 강조하면 경계하지 않을 것이다. 첫 만남부터 의욕에 넘쳐서 뭔가를 팔려고 안간힘을 쓸 것이 아니라, 양손을 들어 보이면서 '저한테는 무기가 없어요'라며 경계심을 푸는 것이 중요하다.

'죄송하지만 오늘은 뭘 꼭 팔려고 온 게 아니에요. 설마 제가 뭘 팔겠어요? 영업사원도 아니고!'라는 식으로 여유로운 태도를 보인다.

이렇게 영업적인 분위기를 덜 연출하면 상대방의 거절을 누그러뜨릴 수 있다.

단, 어디까지나 '오늘만 팔지 않겠다는 것'이지 앞으로 계속 팔지 않겠다는 것은 아니다. 마음에 품은 강력한 영업사원의 정신을 잃지 말고 다음과 같이 일러두자.

"다만 원한다면 제안은 드릴 수 있어요(팔겠습니다). 어쩌면 도와드릴 수 있을지도 모르겠네요(영업사원이니까요)."라고 반드시 덧붙인다. '원한다면', 즉 상대방의 의향에 따르겠다는 것을 전제로 하면 고객을 안심시킬 수 있다.

더 나아가 용기를 갖고 '거절'할 수 있는 영업사원이 되어야 한다.

'내가 고객을 선택한다'는 자존심 있는 자세가 필요하다. 서로에게 선택할 권리가 있다는 것을 잊어서는 안 된다. 내가 먼저 고객을 차버리면 상처받지 않고 끝난다. 만나기 전부터 실패를 두려워할 필요도 없다.

그러니 당신도 '그저 그런 영업사원'처럼 '누구라도 좋으니 사달라'는 식의 흔하디흔한 싸구려 영업사원이 되어서는 안 된다.

훌륭한 인격을 지닌 당신을 '그저 그런 영업사원'을 보듯이 무시하고 홀대하는 사람에게는 절대로 머리를 숙이지 마라. 당신을 한 사람의 인간으로서 인정하고 대등하게 대해 주는 인격자를 고객으로 선택해야 한다.

거절할수록 팔린다. 부탁할수록 팔리지 않는다. 이것이 영업의 철칙이다.

02 '판매 방식'을 팔라

혹시 당신은 청산유수(靑山流水)처럼 상품 설명을 잘하면 상품이 잘 팔릴 것이라고 생각하는가? 그렇다면 미안한 말이지만 당신은 이류(二流)다.

물론 어떤 업계의 프로를 표방한다면 주력 상품을 정확하게 설명하는 것도 중요하다.

하지만 어디까지나 영업사원으로서 해야 할 '최소한의 업무'이지 결코 큰 무기가 될 수 없다. 다시 말해서 '걸어 다니는 취급설명서'라고 불릴 만큼 상품에 대해 완벽하게 꿰고 있다고 해서 오래도록 잘나가는 영업사원이 될 수는 없다.

부디 착각하지 않길 바란다. 당신은 상품을 파는 것이 아니다. '판매 방식'을 파는 것이다.

즉 고객에게 물건을 파는 일련의 세일즈 프로세스(sales Process)인 '❶ 놀람 → ❷깨달음 → ❸흥미 → ❹이해 → ❺납득 → ❻감격 → ❼감사'를 한 단계라도 생략하지 말고 천천히 하나씩 그리고 착실하게 밟아나가야 한다.

고객은 당신의 말에 ❶'어?' 하고 놀라고 ❷'아!' 하고 깨닫고 ❸'오~' 하며 흥미를 보이기 시작한다. 그리고 ❹'아~!' 하고 무릎을 치고 ❺

'그렇구나!' 하고 납득하고 ❻'대단해!' 라며 눈물을 흘리고 ❼'고맙다' 라며 악수를 청할 것이다.

이렇게 '고객의 욕구 환기 세일즈 프로세스의 7단계'를 정확하게 밟아나가는 '판매 방식'을 팔기 때문에 성공률이 높고 단골 고객이 많고 소개로 찾아오는 고객이 늘어나는 것이다.

대뜸 '상품부터 팔려는' 허술한 영업 방식으로는 평생 '판매원', '강매', '심부름꾼' 등의 저질 꼬리표만 따라다닐 뿐이다. 스스로 자신의 일에 '긍지'를 가져야 한다.

지금이야말로 우리들 영업사원의 지위를 높일 기회가 아닐까?

상품이 아니라 '판매 방식'을 팔면 '이런 영업사원은 한 번도 만나본 적이 없다', '앞으로 지속적으로 영업을 맡아줬으면 좋겠다', '그런 내용이라면 친한 친구에게도 소개하고 싶다' 등 분수에 넘치는 칭찬을 들을 수 있다. 그것도 매번 말이다.

그러니 조바심을 내거나 초조해하지 마라. 상품은 팔아넘기는 것이 아니다.

갖고 싶어서, 갖고 싶어서 안달이 난 상대방에게 슬쩍 '알려주는 것' 만으로 'OK'다.

03 모든 세일즈 프로세스에서 철저하게 '마무리closing' 하라

목표를 이루려고 조급해서는 안 된다. 부담스럽게 '제발 사 주세요! 제발요!'라는 식으로는 장수 영업사원이 될 수 없다. 언젠가 본인이 지쳐서 나가떨어질 것이 뻔하다.

물론 판매 상품이나 업종에 따라서 다르기는 하겠지만, 대개의 경우 어떤 의미나 목적이 있는 단계를 밟으면서 최종 목표에 다가가는 것이 중요하다. 굳이 언급하지 않아도 알 것이다.

그런데 일련의 프로세스 하나하나를 허술한 접근(approach)으로 대충 넘기려고 해서는 안 된다. 그러면 좋은 성과를 얻을 수 없다.

당신은 고객의 '좋은 방향으로 검토해 보겠다', '조금만 기다려 달라', '다음에 다시 와 달라'는 듣기 좋은 말을 믿고 휘둘리고 있지는 않은가? 단언컨대 이런 답변은 겉만 번지르르한 거절이다.

고객에게 휘둘리는 허술한 접근으로는 다음 전략을 세울 수 없다.

설령 고객과 약속을 잡았더라도 그 약속이 아주 먼 미래의 애매모호한 약속이라면 결국 그 약속은 취소될 가능성이 높다.

당신의 기분을 모르는 것은 아니다.

세일즈 프로세스 도중에 거절당하는 것이 두려운 당신은 무난하고 안전한 방향을 선택하고 싶을 것이다. 그런데 그렇게 해서는 역효과만 초래할 뿐이다.

약속 잡기는 약속 잡기로, 첫 접근(first approach)은 첫 접근으로, 히어링은 히어링으로, 프레젠테이션은 프레젠테이션으로, 고객 소개받기는 고객 소개받기로 각각의 세일즈 프로세스를 탄탄하게 마무리(closing)해야 한다. 이때 중요 포인트는 그다음 프로세스로 약속이 이어지느냐 마느냐다.

모든 방문에서 그다음 단계로 넘어가는 '상황'은 둘 중 하나다.

두 번 다시 오지 말라고 완벽하게 거절당하거나 다음 방문의 목적을 명확히 한 후에 근시일 내로 약속을 다시 잡는 것, 둘 중 하나다.

모든 약속에는 각각의 '의미'와 '목표'가 있다.

그때마다 '철저하게 마무리'해야 '진실'이 보인다. 그러지 않으면 상대방이 진정으로 무엇을 원하는지, 그 본심은 영원히 암흑 속에 존재할 것이다.

두려워 말고 담판을 짓겠다는 각오와 자세로 임해야 한다. 이를 잊어서는 안 된다.

이제 적당한 선에서 얼렁뚱땅 마무리를 지으려는 새가슴인 본인과 이별을 고하도록 하자.

04 '고객 소개의 연쇄'가 넘쳐나는 대의를 전달하라

　꼬리에 꼬리를 물듯이 기존 고객이 새로운 고객을 소개시켜 주는 '소개 연쇄형'의 영업 스킬을 확립하면 그 영업사원은 평생 먹고살 걱정은 안 해도 된다.

　하지만 시장(market)을 키우는 데에 애를 먹는 영업사원의 '고민 상담'은 끊이지 않는다. 스킬이 부족한 것이 원인이기는 하지만 철저하게 분석해 보면 본인의 '생각'을 고객에게 전달하지 못한다는 치명적인 결함을 발견할 수 있다.

　원래 돈벌이나 출세욕을 위해서 협력해 주는 사람은 있어봤자 평소에 왕래하는 친척 정도가 다다. 어쩌면 곤란해 보이는 당신이 측은해서 협력해 주는 '일면식도 없는 자애로운 타인'이 있을지도 모르겠다.

　하지만 끈질기게 매달려서 애원하는 스킬만으로 장수할 수 있을 만큼 '소개 연쇄형'의 영업은 그리 쉽지 않다.

　왜냐하면 거기에는 '대의'가 없기 때문이다. 자신의 사명이나 이념을 고객에게 전달할 수 있다면 그에 공감한 고객이 'ㅇㅇ한 사람이 있는데, 꼭 소개시켜 주고 싶다', 'ㅇㅇ한테 가보는 것이 어떻겠느냐'며 다른 고객과 회사 등을 소개하는 협력자가 되어준다.

　참고로 보험 영업사원이었을 적에 전달했던 '대의'는 이랬다.

"저는 한 명이라도 더 많은 분께 도움이 되고 싶습니다. 한 명이라도 더 많은 고객과 가족 분을 지키고 싶습니다. 그리고 A씨 주변의 소중한 사람들에게도 도움을 드리고 싶습니다. A씨도 그러셨듯이 대부분의 사람들이 만일의 경우 자신에게 불행이 닥쳤을 때에 정말로 소중한 가족을 지킬 수 있는 보험인지 아닌지 등 세세한 내용을 모른 채 가입하신 분들이 의외로 많더군요. 저는 한 명이라도 더 많은 분들이 생명보험의 진실에 대해서 알았으면 하는 바람입니다. 생명보험의 중요성을 깨달으셨으면 하는 것이죠. 무엇보다 정확한 정보를 전달하고 싶습니다. 이것이 저의 사명이라고 생각합니다."

이런 '포교 활동을 내가 하지 않으면 도대체 누가 하겠느냐?' 하는 기개(氣槪)로 임한다. 이런 '생각'이 진심이라면 고객은 '누구 좀 소개해 달라'는 의뢰를 거절할 수 없다. 왜냐하면 고객에게도 '양심'이라는 것이 있어서 '정의'를 부정할 수 없기 때문이다.

이렇게 해서 모든 것이 순조롭게 굴러가면 선순환이 생긴다. 당신을 응원하려는 협력자가 나타나고 팬이 넘쳐날 것이다.

정정당당하게 영업에 힘쓰기가 비로소 가는 곳마다 '공감'을 불러일으킬 수 있는 것이다.

05 '부담스러운 요구'로 강하게 밀어붙여라

영업에는 '담판 포인트'라는 것이 있다. 적정한 가격의 인기 있는 B 플랜을 추천하고 싶은데, 단도직입적으로 B플랜을 내밀면 아무래도 고객은 강매당한다고 느끼기 쉽다. 이럴 때는 비교적 비싼 편인 A플랜을 먼저 제안하고 그다음에 B플랜을 슬며시 제안하면서 납득시키는 방법이 좋다. 이는 옛날부터 있었던 기본 패턴이다.

실제로 이 방법은 이치에 맞다. 몸값을 요구하거나 용돈을 올리는 협상을 할 때도 마찬가지다. 그렇다면 이 방법을 좀 더 강력하게, 더 나아가 모든 상황에 응용해 보는 것은 어떨까?

예를 들어 소개를 받고 싶은 사람의 이름을 3명 정도 알고 싶을 때에 갑자기 '3명의 이름을 알려 달라'고 하면 누구라도 대답하기 곤란하다. 이럴 때는 "모쪼록 오늘 20명 정도의 이름을 알려주셨으면 하는데요. 꼭 좀 부탁드립니다. 20명 정도 아니, 30명 정도 소개해 주세요. 이렇게 간곡히 부탁드립니다"라며 일부러 인원수를 부풀려서 부탁한다. 즉 '부담스러운 요구'를 들이미는 것이다. 그러면 분명히 고객은 "아니, 저기… 갑자기 30명은 좀… 그렇게 많이는 좀…"이라며 당황스러워 할 것이다. 바로 이때 기회를 놓치지 말고 이렇게 말한다.

"그러시면 일단 3명만이라도 좋으니 제발 좀 부탁드립니다. 3명만이라도 소개해 주세요." 그러면 고객은 '3명이라는 숫자'를 크게 부담스러워하지 않는다. 당연히 성공률은 높아진다.

이와 마찬가지로 고객을 소개해 준 사람에게 사전에 전화 한 통만 넣어서 추천을 해달라고 부탁하고 싶을 때는 "오늘 소개해 주신 분의 사무실에 같이 좀 가주실 수 없을까요? 꼭 좀 부탁드립니다. 사무실까지만 동행해 주세요. 이렇게 부탁드립니다"라며 '동행'이라는 부담스러운 요구를 들이민다. 그러면 바쁜 상대방은 어쩔 줄 몰라 할 것이다. 바로 이때 기회를 놓치지 말고 이렇게 말한다.

"정 그러시면 지금 전화라도 한 통 넣어 주실 수 없을까요?"

그러면 고객은 '전화'를 부담스럽게 느끼지 않는다. 성공률은 매우 높아질 것이다.

만일 둘 중에 더 부담스러운 요구가 받아들여졌다면 그때는 진심으로 감사하면 된다. 고객이 당신의 요구를 들어줬다면 서로에게 좋은 일이 아닌가?

사실 어떤 흥정도 없는 정공법이 이상적이지만 영업사원은 때로는 긍정적인 의미의 뻔뻔함도 겸비해야 한다. 그렇지 않으면 높은 바람은 커녕 자그마한 바람조차 이루지 못한다.

06 '소개받기의 7스텝'을 밟아서 고객을 늘려라

시장 개척의 왕도는 바로 소개 연쇄형의 영업 방법이다. 특히 우리들 영업사원에게 있어서 이 스킬을 갈고 닦는 것이야말로 유일한 '생존 방법'이라고 해도 과언이 아닐 것이다. 자, 지금부터 '소개받기의 귀재'라 불렸던 내가 제창한 '소개받기의 7스텝'을 일러주겠다.

스텝 1은 일단 구매를 결정하게 된 이유를 재확인하는 것이다. 최종적으로 영업 담당자를 신용했기에 고객은 구매하기로 결단을 내렸을 것이다. 물론 질 좋은 상품, 적정한 가격 설정이 이유로 작용했을지도 모른다. 여기서는 '당신이 좋아서', '당신이 괜찮아서'라는 말을 들을 수 있을 때까지 '다른 이유는 없습니까?'라고 물고 늘어져라.

스텝 2는 앞서 '04-법칙'에서 언급한 바와 같이 당당하게 '대의'를 전달하는 것이다. 대의가 잘 전달되면 선의를 지닌 기존 고객이 '다른 고객을 소개해 달라'는 부탁을 쉽게 거절하지 못한다.

스텝 3은 어떤 사람을 소개받고 싶은지, 그 이미지를 구체화하는 것이다. 다짜고짜 '누구 좀 소개해 달라'고 하면 곤란하다. '돈을 잘 버는 경영자', '같이 골프를 치는 친한 동료', '최근에 결혼한 친구' 등 그 이미지를 명확하게 전달하라.

스텝 4는 스텝 3에서 구체적으로 이미지화한 사람의 이름을 묻는 것이다. 한 명이라도 더 많은 사람의 이름을 알고 싶다면 '스텝3'과 '스텝 4'를 간략하게 반복하는 방법을 추천한다. '이미지화해서→이름을 묻는다'를 마치 노래의 후렴구처럼 반복해라.

스텝 5는 기존 고객이 소개해 준 사람에 관한 자료를 자세히 물어보는 것이다. 이름을 모두 받아 적은 후에 연락처를 비롯한 관련 자료를 수집해라.

스텝 6은 기존 고객에게 미리 연락해서 '방문 허락'을 받아달라고 부탁하는 것이다. 요령은 앞서 '05-법칙'에서 언급한 방법으로 밀어붙이면 효과적이다.

스텝 7은 고객에게 중간 과정을 차례로 보고하는 것이다. 계약이 성사된 후에는 '때는 이미 늦으리'다. 스텝 중간 중간에 약속 경과, 반응 등을 알리는 기회를 늘리면 더 많은 응원을 받을 수 있다.

계약 신청은 중요하기도 하고 긴급하기도 하지만 소개받기가 중요하기는 하나 그렇게까지 긴급한 사항은 아니라고 여기기 쉽다. 그래서 '다음에 할까?'라며 뒷전으로 미루고 만다.

그런데 소개 의뢰는 마치 숨을 쉬는 것처럼 생활화해야 한다. 이를 강하게 의식할 수 있다면 '소개받기의 규모'는 점차 더 커질 것이다.

07 약속은 '발라드'를 부르듯이 유유히 말하라

영업사원 중에 신규 고객을 개척하는 '전화로 약속을 잡는 스킬(telephone appointment)'이 서툴다며 고민하는 사람이 적지 않다.

고객과 직접 만나면 영업 능력이나 인간미 등 본인 특유의 능력을 발휘할 수 있는데, 유감스럽게도 그 전 단계인 전화 통화에서 거절당하는 경우가 대부분이라며 속상해한다.

'전화 약속'은 매뉴얼대로 준비된 스크립트를 토대로 똑같은 고객(마켓)에게 똑같은 세일즈 토크로 접근해서 약속을 잡으려고 해도 성공률은 개개인마다 다르다. 이런 점에서 세일즈 토크 스크립트 자체는 성패와 직결되지 않는다는 것을 알 수 있다.

그렇다면 도대체 전화로 약속을 잡는 데에 개인차가 발생하는 이유는 무엇일까? 전화로 약속을 잡는 데에 실패하는 원인, 즉 실패자에게서 발견되는 공통점이 있는데, 바로 '말이 빠르다는 것'이다.

그것도 매우 쌀쌀한 '영업적인' 단조로운 박자(tempo)에 가끔씩 목소리가 뒤집히기도 한다.

이런 식으로는 고객에게 '됐다'라며 단박에 거절당하거나 수화기 너머에서 '뚜뚜뚜' 하는 신호음만 들릴 것이 뻔하다.

의식적으로 여유로운 박자를 유지하고 말의 속도를 늦춰야 한다. 또한 리듬을 타면서 목을 쓰는 것이 아니라 복식 호흡으로 아랫배에서 큰 소리를 끌어올려야 한다. 말에 억양을 넣는 것 또한 잊어서는 안 된다.

안단테, 포르티시모, 피아니시모를 교대로 반복하면서 '노래하듯이 말하려고' 노력해야 한다. 세일즈 토크의 절정 부분에 이르러서는 열창을 한다.

또한 되도록이면 '발라드'를 노래한다는 생각으로 말해보자. 설령 처음 전화를 거는 고객일지라도 콧노래를 부르듯이 매우 친한 사이인 것처럼 말하는 정도가 좋다. 친구와 가족을 대하듯이 '항상 전화를 건다'는 식으로 기분 좋게 말하면 된다. 이런 느낌의 리듬감 있는 말투에 고객은 귀를 기울인다.

주도권을 쥐려면 수화기를 마이크라고 생각하고 편하게 이야기(노래)할 수 있어야 한다.

자, 이제부터 수화기에 대고 발라드를 부르고 또 불러라. 마음껏 불러라! 그리고 전화로 약속 잡는 것을 즐겨라!

당신도 코인 노래방에 앉아서 좋아하는 발라드를 부르면서 철저하게 약속 잡는 훈련을 쌓아보길 바란다.

Let's sing a song, telesales operator!

08 약속을 잡고 싶다면 '목적을 두 가지' 제시하라

만나고 싶은 이유를 본래 목적과 별개로 하나를 더 설정해서 고객의 경계심을 완화할 수 있다면 약속을 잡을 성공률은 훨씬 더 높아진다.

당연히 고객과 만나려는 목적 중 하나, 즉 최대 목적은 '영업 이야기'다. 하지만 그 이야기만 하면 '뭔가를 팔려고 한다'는 오해를 사기 쉽고 고객과의 공방(攻防)이 스트레스가 되어 '전화로 약속 잡기 공포증'이라는 정신적인 장애물을 얻을 수도 있다.

그러므로 고객과 '만나고 싶은 이유'를 하나 더 설정해서 그것을 먼저 제안해보자. 고객 거절의 장벽은 물론 본인 스스로 만든 정신적인 장애물을 수월하게 뛰어넘을 수 있을 것이다. 방법은 간단하다.

"제가 골프를 시작하려고 하는데, 골프를 잘하시는 ○○씨에게 상담을 받고 싶어서요."

"제가 해외로 여행을 가려고 하는데, 외국을 잘 아시는 ○○씨에게 물어볼 것이 있습니다."

"케이크를 직접 만들어봤는데요. 디저트에 대해서 잘 아시는 ○○씨가 맛 좀 봐주셨으면 해서요"등 영업과 관련이 없는 평범한 일상적인 이유를 하나 더 설정하면 된다.

그런데 이런 이유만으로는 약속에 무게감이 없으니 고객에게 '매력적인 정보를 제공하는 것'도 목적이라고 덧붙여서 강조한다.

이때는 심리학에서 말하는 제삼자의 영향력을 이용해서 관심을 끈다. 'ㅇㅇ씨처럼 △△한 분들에게'라며 물꼬를 튼 후에 '꽤 도움이 되었다면서 상당히 좋아하셨다고 하더라고요'라고 이야기를 이어나간다. △△업계 사람들, 경영자, 주부, 관리직 종사자, 공무원 등 비슷한 속성의 사람들이 모두 '기뻐하고', '도움이 되었다'고 하면 고객은 '어쩌면 자신에게도 도움이 될지도 모르겠다'는 생각을 하기 마련이다.

'두 가지 목적'을 설정하는 것만으로 고객에게 소중한 시간을 투자할 만한 가치와 즐거움, 편안함까지 전달할 수 있다. 무엇보다 고객에게 '영업 이야기'를 꺼내기 수월해진다.

사전에 본래 목적을 말하지 않고 영업 접근을 시도하면 '불쾌한 분위기'가 조성될 수 있기 때문이다. 고객의 입장에서는 '속았다'는 기분이 들 수 있고 '배신당한 고객'은 마음속의 '경계경보 사이렌'을 킬 것이다. 이를 알아차린 당신은 대화를 이끌어 나갈 용기를 잃고 어색한 분위기에서 '전사'하고 말 것이다. 그러니 당신도 '두 가지의 목적'을 제시하는 '거절할 수 없는 약속 잡기' 전략으로 전환해 보는 것이 어떻겠는가? 신기하리만큼 영업이 원활하게 굴러가기 시작할 것이다.

09 '자기 형편'에 맞게 약속 날짜를 정하라

대부분의 영업사원이 헤어 나오지 못하는 악습이자 가장 서투른 약속 잡기의 전형적인 패턴이 바로 '언제가 좋은지' 묻는 행동이다.

나는 영업의 현장인 사무실에서 그런 대화를 들을 때마다 '바보 아니야?'라고 소리치고 머리를 쥐어뜯고 싶은 충동에 빠진다. 상대방의 형편과 상황에 맞춰서 도대체 뭘 어쩌자는 것인가?

솔직히 말해서 사람들은 그렇게 바쁘지 않다. 그렇다고 한가로운 것도 아니다. 상대방의 형편과 상황에 맞추다보면 효율적으로 약속을 잡을 수 없다.

왜냐하면 '다음 달에 다시 전화해라', '스케줄을 좀 확인해 보고 다시 전화하겠다' 등 애매모호한 핑계로 교묘히 빠져나가기 때문이다. 일단 상대방이 다시 연락을 줄 리는 없다고 생각하는 편이 낫다.

설령 약속이 잡혔더라도 그 약속은 뒤로 밀리고 밀려서 결국에는 상대방의 기억 속에서 영원히 사라지거나 또한 성가시다며 언젠가 취소할 수도 있다.

'자기 입장에서 우선순위가 낮은 영업 이야기'를 듣는 데에 적극적으로 시간을 할애해 줄 사람은 시간이 남아도는 고령자나 당신에게 빚이 있는 지인 또는 친구 정도다.

만일 평생 실적이 부진한 영업사원의 삶을 살아도 괜찮다면 지금처럼 고객의 상황에 맞추면서 가벼운 약속만 잡으면 된다.

'그렇지 않다! 지금 당장 영업 실적을 높이고 싶다!'

만일 이런 바람이 있다면 고객의 형편이나 사정을 확인하는 행동은 당장 그만둬라.

자신의 스케줄 수첩을 보고 비어있는 '가장 빠른 날짜'부터 채워나가라.

일정이 없는 날짜가 내일인가? 모레인가? 내일도 모레도 약속이 없는 급박한 상황 속에서 당신은 '다음 주나 그다음 주 정도에 시간을 좀 낼 수 있느냐'는 어리석은 질문을 던질 것인가? 소극적인 데도 정도라는 것이 있다.

이래서는 '영업'이라고 할 수 없다. 단순한 '심부름꾼'이 아닌가?

잘 생각해 봐라. 당신과 만나는 것이 상대방에게 손해인가?

그렇지 않을 것이다. 그 어떤 용건보다 당신과의 약속이 고객에게 유익한 시간이 될 것이라는 자신감을 갖길 바란다.

이제부터 '죄송하다'며 굽실거리는 영업 태도를 근본부터 바꿔 나가자.

10 만날 수 있을 때까지 '이중 구속'을 반복하라

저자세로 입버릇처럼 '언제든 당신의 일정에 맞추겠다'고 말하는 것이 얼마나 어리석은 행동인지 충분히 이해했으리라 믿는다.

그렇다면 구체적으로 약속을 어떻게 잡으면 좋을까?

답은 매우 간단하다. 약속 잡기의 마지막 단계에서 반드시 '양자택일'로 후보 날짜를 제시하는 이중 구속, 즉 '더블 바인드(Double bind) 방법'으로 공략하면 된다. 예를 들어 '월요일 오전 10시나 화요일 오후 2시 중에 어느 쪽이 좋으신가요?'라며 날짜를 이틀로 제한해서 약속을 정하는 것이다. 이렇게 간단한데도 의외로 많은 사람들이 실행에 옮기지 못하고 있다.

아마도 '상대방이 만나줄지 승낙도 하지 않은 상태에서 언제가 좋으냐고 묻는 것은 어불성설'이라는 생각 때문에 실행하지 못하는 것 같다. 물론 맞는 말이다. 실제로 만나줄지 승낙을 받지 못한 상태다. 하지만 그렇기에 오히려 더 효과적이다.

예를 들어 지인과 술집에서 술을 마실 때에 '2차 갈래? 안 갈래? 어떻게 할까?'라는 질문을 받으면 '오늘은 여기까지 하자'라고 대답하기 쉽다. 그런데 '2차로 노래방에 갈까? 아니면 와인 바에서 한잔 더 마실까? 어느 쪽이 좋아?'라는 질문을 받으면 무심코 '아, 그럼 와인 바에

가자'라고 대답하게 된다.

'갈래? 안 갈래?'라는 질문은 문법상 '안 갈래'라고 답하기 쉽다. 반면에 '어느 쪽이 좋아?'라는 질문에는 문법상 '안 갈래'라는 답은 부자연스럽고 실제로도 말하기 어렵다. 둘 중 어느 한 쪽을 선택해서 답하는 것이 자연스러운 대화의 흐름이다.

만일 고객과 약속을 잡을 때에 '바빠서 두 날짜 모두 어려울 것 같다'는 대답이 돌아온다면 그 순간 상대방은 당신과 만날 것을 승낙한 것과 진배없으니 기쁜 목소리로 '감사합니다. 그럼 수요일 저녁이나 토요일, 일요일 중에 언제가 좋으신가요?'라고 다시 묻는다. 양자택일로 선택지를 조금씩 좁혀나가는 '이중 구속'을 반복하는 것이다.

또한 날짜와 시간을 제한함으로써 이쪽도 바쁘다는 것을 상대방에게 어필할 수 있다.

인기 없는 한가한 영업사원과 만나고 싶은 고객은 없다. 그러니 당당하게 '○일'과 '○일'에만 일정이 비어있다고 지정해야 한다.

애초에 '만날 것인가? 만나지 않을 것인가?'를 정하려고 전화한 것이 아니다. '언제, 어디서 만날 것인지'를 정하려고 전화를 건다고 생각해야 한다. 누가 뭐래도 '고객과 만나는 것은 기정사실'이다.

11 고객의 반론은 '여유로운 미소'로 받아들여라

의식을 하든 안 하든 고객은 항상 영업사원의 '정의(正義)'를 선별한다. 그렇다. 영업사원을 시험하는 것이다.

수많은 영업사원이 고객의 거절과 거부 반응을 스트레스로 느끼는 것과 마찬가지로 고객도 탐욕스럽고 막무가내인 영업사원의 '전략과 모략'에 맞서며 진저리를 친다.

'영업사원의 속셈에 놀아나고 싶지 않다', '강매에 넘어가고 싶지 않다'는 방어 본능이 작동하는 것이다.

본인 스스로가 '마음이 약하다는 것'을 아는 고객은 어떨 결에 구입했다가 나중에 후회하지 않으려고 달콤한 유혹으로부터 자신을 꿋꿋하게 지키려고 노력한다. 안쓰럽게도 항상 자신의 주위를 경계하면서 벌벌 떨고 있다고 해도 과언이 아니다.

영업사원의 말을 순순히 듣고 있으면 나중에 거절하기 힘들다. 그래서 고객은 그렇게 되기 전에 입만 번지르르한 영업사원이 말대꾸할 수 없는 반론으로 초장에 멀찌감치 떼어내어 차단한다. 바로 이때가 영업사원인 당신의 순수한 본심이 시험대에 오르는 순간이다.

고객은 절대로 만만한 상대가 아니다.

반론이라는 예방책을 미리 주변에 쳐두고, 그 예방책을 멋지게 돌파하는 용기 있는 '정의의 사자=영업사원'에게만 '상담(商談)을 진행해도 좋다'는 표를 한 장씩 나눠준다.

이때 고객의 반론이 두려워서 되도록이면 반론을 제기하지 않는 방향으로 상담을 진행하고 싶은 마음도 이해가 안 되는 것은 아니다.

하지만 반론을 봉쇄하고 있는 동안에는 앞으로 나아갈 수 없다. 고객에게 표도 한 장 받지 못한 상태로 세일즈 프로세스라는 열차에 타려고 해서 도중에 하차할 수밖에 없는 것이다. 그래서는 평생 계약이라는 종착역(목표)에 도착할 수 없다.

고객의 반론을 하나씩 하나씩 처리할 수 있다면 고객의 의문도 하나씩 하나씩 풀릴 것이다.

그때마다 종착역에 갈 수 있는 표를 한 장씩 손에 넣을 수 있고 목표에 보다 가까이 다가갈 수 있다.

그렇기에 영업사원은 절대로 '고객의 반론'을 두려워해서는 안 된다. 설령 고집불통에 강경한 반론일지라도 단순한 '질문'에 지나지 않는다고 생각하고 '여유로운 미소'로 받아들이자.

고객은 그저 당신에 대해서 '간을 보려는 것뿐'이라는 사실을 정확하게 인식하는 것이 중요하다.

12

'마침 잘됐다'로
모든 거절을 처리하라

당신을 되돌려 보내려는 구실에 지나지 않는 고객의 '거짓 반론'에 부딪혀서 아직 아무것도 전달하지 못한 모험의 단계에서 맥없이 도망쳐서는 절대 영업을 할 수 없다.

고객이 내놓는 반론의 구체적인 패턴은 대략 이렇다. '지금으로 충분하다', '돈이 없다', '바빠서 이야기를 들을 시간이 없다', '나는 결정권이 없다', '아는 사람에게 맡겼다', '○○는 신용할 수 없어서 싫다' 등이다. 그런데 이런 반론은 거절이 아니다. 오히려 질문 이하의 '인사'라고 해석해야 한다. 하지만 당신은 이런 반론을 진짜로 받아들이고 항상 포기하고 만다.

자, 이번에는 '격퇴법 반사'='마법의 반론 처리' 방법을 알려주도록 하겠다.

우선 고객의 반론에 곧바로 반론으로 되받아치는 것은 금물이다. 고객의 반론을 부정하지 말고 '그럼요', '역시 그렇죠', '그 기분은 제가 잘 압니다'라고 긍정한다. 고객의 반론을 무조건 칭찬하고 기쁘게 받아들이는 넓은 아량이 필요하다.

'신용할 수 없다'고 말하는 고객에게 '아니에요, 괜찮아요. 믿어주세요'라고 설득해봤자 자신의 주장을 부정당한 고객의 기분만 언짢아질 뿐이다.

어떤 불합리한 폭언이라도 삼켜 넘겨야 한다. 잘 삼켜 넘길수록 '마법의 반론 처리'는 엄청난 위력을 발휘할 수 있기 때문이다.

'아!'라는 감탄사를 날리고 그다음에는 '마침 잘됐다'며 손뼉을 친다.

'거절당했다고 생각하지 않는다'는 여유로운 태도가 당신을 격퇴하려고 했던 고객의 '불편함', '어색함'을 완화시켜서 서로의 거리를 우호적으로 좁혀준다. 전혀 개의치 않는다는 관대한 마음으로 악의 없는 고객의 위협 사격을 피한다. '마법의 반론 처리'가 방탄조끼가 되어 당신을 지켜줄 테니 두려워 마라.

'아, 마침 잘됐다'가 반론 처리의 신호탄이다. 지체 없이 곧바로 "돈이 없다는 분이 상당히 큰 도움을 받았다며 기뻐하셨다고 하더라고요"라고 말한다. 어떤 반론이든 이 패턴으로 동일하게 반격해 나가면 된다. 아직 당신은 구매를 권유한 것이 아니다. '일단 도움이 되는 정보를 제공하는 테이블에 앉자'는 제안이니 고객의 반론은 잘못된 지레짐작에 불과하다.

이런 선의의 해석과 반론 처리 방법을 구사하면 고객이 거절할 이유 등이 모두 사라질 것이다.

13 인상적인 '자기개시 自己開示'로 길을 열라

고객을 잘 아는 것이 영업의 최선이라고 착각하는 영업사원은 '청취'와 '욕구 파악'에 안달복달할 것이다.

물론 이는 기본 중의 기본이다. 하지만 그전에 중요한 것을 잊고 있지는 않은가?

바로 '자기개시(自己開示)'다.

상대방에게 이런저런 질문을 던지기 전에 도대체 당신은 '어떤 사람'인지 명확하게 전달하고 있는가?

'안쓰러운 영업사원'이 저지르는 대표적인 실수가 바로 명함을 교환하자마자 속사포로 '회사나 상품에 대한 설명'을 시작하는 것이다. 또한 따발총으로 '질문 공세'를 날리는 것이다. 이런 영업사원에게는 '제발이지 조금만 자제하라'고 말해 주고 싶다.

이런 접근법이라면 상대방은 두 번 다시 당신을 '만나고 싶지 않다'고 생각할 것이다. 아니, 만나고 싶기는커녕 어떤 인상도 남지 않을 것이다.

오히려 나쁜 인상만 남을 뿐, 추후에 연락을 해도 '누구라고요?', '무슨 용건이죠?' 등 냉혹한 반응만 돌아올 것이다.

말해두지만 명함을 건네는 것만으로 당신이 어디 소속이고 어떤 성격의 소유자인지, 인격(personality)이나 캐릭터, 주요 경력이 어떤지를 비롯해서 어떤 목적으로 활동하고 있는지 등을 상대방이 이해해 주리라고 생각한다면 이는 큰 오산이다.

해결책은 바로 당신이 '먼저' 마음의 문을 여는 것이다. 즉 상대방과의 거리를 좁히고 상대방이 안심할 수 있도록 '자기소개'를 하는 것이다.

분명 당신의 인생에도 당신 나름의 '스토리'라는 것이 있을 터이다.

그런 당신의 '스토리(프로필)'를 공개한다.

당신을 표현하는 20자 이내의 선전 문구나 출신 지역, 성장 배경, 어린 시절의 꿈, 사랑하는 가족과의 추억이나 일화, 좋아하는 스포츠, 재미난 취미나 특기, 강렬한 이념이나 비전, 굳은 사명과 신조, 인생을 바꾼 좌우명, 지금의 일을 시작하게 된 이유 등 인상적인 '자기개시'를 해 보는 것이다.

말이 서툰 사람은 사진을 넣은 프로필이나 태블릿 단말기를 이용해서 자신의 신상 정보를 공개해도 좋다.

먼저 당신이 마음의 문을 열면 분명히 그 앞으로 '환한 길이 열릴 것'이다.

14 자꾸 칭찬해서 '불안·불만'을 끌어내라

구매 의욕은 어떤 심리 상태일 때에 생길까?

바로 '현재 상태에 불만과 불안'을 느꼈을 때다. 그 순간 사람은 마음속으로 '해결하고 싶다'고 바란다. 그리고 '사고 싶다'는 욕구가 생긴다. 이런 당연한 원리와 원칙을 이해하지 못하는 한 당신은 아무것도 팔 수 없다.

'스마트폰 사용료가 비싸서 기종을 바꾸고 싶다', '에어컨이 고장 나서 집이 마치 한증막 같다', '양복 사이즈가 맞지 않는다', '도저히 집안일을 할 시간이 없어서 피자를 주문하고 싶다' 등.

이런 고객의 불만과 불안이 '수면 위로 떠올라 있으면(표면화)' 영업은 훨씬 수월하다. 하지만 이와 반대로 고객이 불만과 불안을 알아차리지 못한 채 그 욕구가 '잠재화'되어 있는 경우는 힘들다. 이를테면 내일 죽을지도 모른다는 생각을 전혀 하지 않는 젊은 사람에게 생명보험을 권유하는 영업이 그렇다. 따라서 누군가에게 떠밀려서가 아니라 <u>고객 스스로 '불만과 불안'을 느낄 수 있도록, 알아차릴 수 있도록 하는 접근이 필요하다.</u>

혹시 알고 있는가? 칭찬할수록 마음속의 '불만과 불안'을 인식하게 되는 고객의 심리를 말이다. 고객이 평소에 불만스럽게 생각하는 부분을 지적하면 마음의 문을 꽁꽁 닫아걸지만 현재 상태를 칭찬하면 반대로 불평과 불만이 마구 터져 나오는 심리다.

가령 "○○회사는 대기업이고 제품도 사후 서비스도 완벽해서 전혀 불만이 없으시죠?"라고 물으면 "아니요. 그 정도는 아니에요"라는 반응이 나오는 것이 보통이다. "○○회사는 제품도 사후 서비스도 평판이 좋지 않죠?"라고 물으면 "아니요, 안 그래요"라는 반대 반응이 나오는 것도 당연하다.

그래서 고객이 겸손을 떨기 시작해서 그것이 불평과 불만으로 바뀔 때까지 칭찬을 아끼지 말아야 한다. 불평과 불만이 터져 나오기 시작하면 '그렇게 말씀하시는 이유는요?', '의외네요', '그래서요?'라며 고객의 불평과 불만, 불안, 하소연, 바람 등을 경청하기만 하면 된다.

끝까지 무조건 칭찬하면 고객은 '겸손'이라는 가면을 쓴 '본심'을 말해준다. 그리고 고객이 자신의 입으로 말하면 스스로 불만과 불안을 인식하게 되어서 점차 욕구가 수면 위로 떠오른다.

동화책 《해와 바람》에서 바람처럼 부정적인 이야기보다 해처럼 따뜻한 칭찬의 말로 '가면'이라는 코트를 벗길 수 있다면 그 시점에서 영업의 80%는 성공했다고 볼 수 있다.

15

이상理想과 현실의 '격차'를 끌어내라

덧없을 만큼 세상 사람들의 '이상'은 쉽게 실현되지 않는다.

현실 세계는 그리 녹록하지 않다. 사람들 각자가 저마다의 문제를 안고 아등바등 살아간다.

행복하다고 느끼는 사람이 적다. 유럽과 미국에 비해서 불행하다고 느끼는 사람이 압도적으로 많다는 보도도 있다. 또한 우리보다 훨씬 풍족하지 못한 나라도 행복지수가 좋은 곳이 많다. 사람들의 욕구 불만은 가히 폭발 직전의 상태다.

하지만 사람들은 참고 견디며 아무렇지 않은 듯이 살아간다. 아니, 평범한 일상 속에서 '이상적인 삶은 무리야…'라며 마음속에 희망과 바람을 묻은 채로, 되도록 생각나지 않도록 봉인한 채로 살아간다.

힘겨운 현실 속에서 자신이 '갖고 싶은 것'이나 '되고 싶은 것'을 포기하고 '생각하지 않고 잊고 사는 습관'에 길들여져 있는 것이다.

세일즈 프로세스에서 칭찬을 통해서 고객이 불만과 불안을 인식하게 만드는 데에 성공했다면, 그다음 단계는 그 욕구를 자극해서 더욱 비약시키고 이상과 현실의 '격차'를 깨닫게 하는 것이다.

그 격차를 얼마나 이끌어 낼 것인가?

고객이 그 격차를 깨달을 수 있다면, 또한 그 격차가 크면 클수록 상상을 초월하는 어마어마한 영업의 기회가 생긴다. 그렇게 되면 인간의 욕구와 욕망은 끝이 없다.

유명한 매슬로우의 욕구 5단계(Maslow's Hierarchy of Needs) 피라미드에도 있듯이 먹고 자고 싶은 생리적 욕구, 안전하게 살고 싶은 안전의 욕구, 동료와 함께 나누고 싶은 사회적 욕구, 남에게 인정받고 칭찬받고 싶은 존경의 욕구 그리고 이상과 바람을 이루고 싶은 자아실현의 욕구를 사람은 본능적으로 원한다.

더 나아가 이런 욕구를 손에 넣은 후의 피라미드 꼭대기에는 남에게 도움이 되고 싶은 '자아 초월'의 욕구도 있다.

우리들 영업사원의 왕도는 그 격차를 보완하고 그 욕구를 충족시켜주는 것이다.

그러려면 불만족스러운 현재 상황을 명확하게 인식하도록 도와줘야 한다.

'건강(健康)', '먹거리', '노후', '내 집 마련', '시간', '가족의 행복', '취미', '여행', '이식(利殖 : 이자에 이자가 붙어 재물이 늘어 감)', '투자', '결혼', '학습', '이직', '독립', '자존심', '사회 기여' 등.

당신은 사람들의 이상을 실현시켜 줄 수 있는 구세주=영업사원이다.

16 나불대지 말고 '인터뷰'로 자존심을 자극하라

유능한 영업사원의 무기는 '질문'을 자유자재로 조절할 수 있는 능력이다. 영업의 최고 비법은 고객이 말하고 싶어하는 것을 연속해서 질문하는 것이다. 이를 잊어서는 안 된다.

아직 고객이 '들으려는 자세'가 아닌 단계에서 제품이 얼마나 좋은지, 타사 제품보다 얼마나 많이 팔리는지 등 주저리주저리 '설명'을 늘어놓아서는 안 된다.

대부분 고객은 당신의 지루한 이야기를 참고 들어줄 수 있는 '어른'이다. 하지만 이야기가 끝난 후에는 당신의 기대와 전혀 다르게 두 번다시 만나주지 않을 것이다. 그래서 나는 당신에게 영업 세일즈 토크를 '모조리 질문으로 구성'하는 방향으로 바꾸라고 조언하고 싶다.

첫 번째 단계인 초급자 레벨에서는 순수하게 한 사람의 인간으로서 고객에게 관심을 갖고 질문을 한다. 업무를 비롯해 가족, 취미, 사적인 부분에 대해서도 상관없다. 우선 '질문을 한다', '맞장구를 친다'를 반복하고 무조건 경청하는 자세를 유지한다. 경청하는 동안에 맞장구는 '좋네요', '대단하세요', '멋지네요', 이렇게 세 가지로 제한한다. 심플하게 반복한다.

두 번째 단계인 중급자 레벨에서는 '칭찬' 대신에 질문을 활용한다.

예를 들어 여성 고객이라면 단순하게 '너무 예쁘세요'라고 칭찬하기 보다 '젊음과 미모를 유지하는 비결이 뭐죠? 사용하고 있는 화장품 브랜드는요? 어디 피부과에 다니세요? 피트니스센터는요? 어머님도 미인이시죠?' 등 고객이 기뻐서 어쩔 줄 몰라 하고 '예', '아니오'로 대답할 수 없는 질문을 다섯 개 이상 '반복'한다. 이를 습관화하면 반드시 고객이 흥미나 관심을 크게 보이는 질문이 부각되어 핵심 주제가 보일 것이다. 이런 식으로 계속 질문을 하면 고객과의 거리 또한 좁혀진다.

세 번째 단계인 상급자 레벨에서는 고객이 '진짜로 말하고 싶은 이야기'를 '그래서 어떻게 됐어요?', '그건 왜 그러죠?'라며 좀 더 깊게 파고드는 질문을 던진다. 고객이 더 많은 이야기를 털어놓도록 유도할 수 있으면 서서히 고객이 소중히 여기는 주체성(identity)이 보일 것이다.

어디까지나 고객의 의사로 일방적으로 떠드는 것이 아니라 '당신이 물어봐 준', '당신이 흥미를 보인' 주제에 대해서 고객이 답해 주는 상황을 연출해서 고객의 자그마한 자존심을 만족시켜주길 바란다.

내일부터 당신은 영업사원이 아니라 당당한 프로 '인터뷰어'가 되어야 한다. '하나를 이야기하면 다섯 가지 질문을 던지는 것'을 습관화해 보는 것은 어떨까?

17

대답하기 곤란하다면
'숙제'로 받아들고 돌아가라

고객이 난해한 질문을 할 때가 종종 있다. 우리들 영업사원이 제 아무리 그 업계의 전문가라 할지라도 모든 것을 다 알 수는 없다. 그래서 제안하는 상품과 관련된 '전문성' 이외에 마니아적인 질문을 받았을 때는 매우 곤란하다.

세금, 부동산, 금융 지식, 공적인 절차, 법률, 의료, 보험, IT 관련, 타사 정보, 제조 방법, 기술, 안전성, 납기, 사무 규칙 등 업계와 업종에 따라서 질문은 다양하다.

아마 당신에게도 이런 경험이 있을 것이다. 고객의 질문에 곧바로 답하지 못하면 신용을 잃을 수도 있다는 생각에 좌불안석, 식은땀을 줄줄 흘렸던 경험 말이다.

혹시 이런 실수를 저질렀던 경험은 없는가? '대충 둘러대고 도망가자', '적당히 구워삶자', '적당히 아는 척해서 모면하자'라며 어물쩍 넘기려고 했다가 들통이 나서 고객과의 신뢰 관계에 금이 간 적이 없는가? 부끄럽게도 젊은 시절에 나는 이와 비슷한 경험을 했다.

이런 실수는 고객의 비위를 잘 맞춰서 그 자리에서 계약을 성사시키려는 사람이 빠지기 쉬운 함정이다.

고객 중에는 열심히 조사한 후에 상품을 사려는 사람도 적지 않다.

또한 인간에게는 '느낌'이라는 것이 있다. 자신의 실력을 부풀려서 적당히 상품 설명을 하고 팔아넘기려는 영업사원을 누가 신용하겠는 가? 불신만 낳을 뿐이다. 고객은 '뭔가 수상쩍다'고 피부로 느끼는 것이다.

이렇게 되면 상황은 걷잡을 수 없다. 고객은 아무리 이치에 맞고 이성적으로 납득이 가더라도 '뭔가 마음에 걸린다'며 선뜻 구매에 나서지 않는다.

이런 상황을 타개할 수 있는 비책은 '참고 견디는 것' 외에는 없다. 그 자리에서 곧바로 답하지 않는 것이다.

"혹시 모르니 알아볼 시간을 좀 주세요. 중요한 것이니 정확하게 조사해 보고 알려드리도록 하겠습니다"라며 '숙제'를 들고 돌아간다.

이렇게 하면 오히려 고객에게 '신용할 수 있는 사람', '인성이 된 사람', '진실한 사람', '믿을 만한 사람', '성실한 사람'이라는 인상을 줄 수 있다. 또한 다음에 다시 만날 '구실'도 되니 일석이조가 아닌가?

계약 성사 프로세스가 정체되거나 혹은 뒤로 밀렸다고 착각하기 쉬운데 결코 그렇지 않다. 멀리 돌아가는 것이 아니다. 항상 고객에게 숙제를 받는 습관을 기르면 기회는 더 많이 찾아올 것이다.

18 마무리 단계에서는 다음의 '예고편'을 삽입하라

영화 예고편은 열이면 열, 본편을 보고 싶게끔 만든다. 명장면이나 결정적인 대사를 적절히 편집해서 구성하고 표제도 절묘하게 잘 뽑아낸다. 상영된 영화 중 '멋진 문구'를 몇 가지 소개하도록 하겠다.

'아침에 눈을 뜨면 영문도 모른 채 울고 있다. 그럴 때가 종종 있다. 내가 꾼 꿈인데 도무지 다시 떠오르질 않는다' 〈너의 이름은〉

'미군 역사상 최다인 160명을 사살한, 한 명의 자상한 아버지' 〈아메리칸 스나이퍼〉

'승객 5천 명. 목적지까지 120년. 두 명만 90년이나 일찍 눈을 떴다. 그 이유는 단 하나' 〈패신저〉

'내 수명은… 5일' 〈채피〉

'가족을 지키는 아내, 자신을 지키는 남편' 〈포스 마쥬어: 화이트 베케이션〉

'가족 중 유일하게 듣고 말할 수 있는 소녀에게 노래 재능이 있었다' 〈미라클 벨리에〉

'155명의 목숨을 구하고 용의자가 된 남자' 〈설리: 허드슨 강의 기적〉

'천국에서 엄마가 보내주는 카드에는 엄마의 사랑이 살아있었다' 〈해피 버스데이〉

'거센 눈보라를 피해 산장에 갇힌 8인방. 모두 거짓말을 하고 있다. 남을 꿰뚫어보되 자신은 들키면 안 된다. 과연 살아남는 자는 누구인가?' 〈헤이트풀8〉

'훔친 것은 가족의 정이었다' 〈어느 가족〉

'안녕하십니까? 내가 살인범입니다' 〈22년만의 고백〉

어떤가? 지금이라도 당장 영화를 보러 뛰어가게끔 만드는 문구가 아닌가? 당신도 반드시 고객을 방문했을 때의 마무리 단계에서 다음 방문의 목적과 콘텐츠를 간략하게 담은 문구를 만들어서 인상적인 '예고편'을 연출해 보길 바란다.

만일 내가 영업사원이라면 '예고편'을 이런 패턴으로 구성할 것이다.

"다음번에 전해드릴 것은 딱 세 가지! '서프라이즈'와 '감동' 그리고 '꿈'입니다! 절대로 상품을 '팔지 않겠다'고 이 자리에서 맹세하겠습니다! 어떤 플랜도 제안하지 않겠습니다! 저는 영업을 하러 온 것이 아니라 평범한 아빠로서 우리나라를 대표해서 '인터뷰'를 하러 오겠습니다!"

이렇게 하면 고객은 남겨진 '여운'과 함께 다음 약속이 기다려지고 하루라도 빨리 당신을 만나고 싶어서 안달이 날 것이다. 분명히 약속을 취소하거나 다시 잡을 확률은 확연히 줄어들 것이다.

19 '가족 데이터'를 철저히 조사하라

프레젠테이션을 시작하기 전에 잊지 말고 반드시 거쳐야 할 중요한 단계가 있다.

바로 시간과 노력을 충분히 들인 '청취(hearing)'다.

'인터뷰어'로서 당신의 수완이 시험대에 오르는 단계다.

특히 이 단계에서는 고객의 가족에 대해서 열심히 귀를 기울여야 한다. 상당히 복잡한 가족사가 있지 않는 한, 가족에 관해서 이야기하기 싫어하는 사람은 없다. 오히려 신이 나서 대부분의 사람들이 이런저런 이야기를 들려준다.

최적의 제안을 위해서 가족 관련 정보를 입수해 두려는 의도도 있기는 하다. 하지만 그보다 고객이 자신의 인생에서 무엇이 소중한지를 깨닫길 바라는 것과 동시에 고객과의 거리를 좁히려는 목적도 있다.

이는 집, 자동차, 금융 등 개인 대상의 영업에 국한되지 않는다. 기업 담당자를 대상으로 한 법인 영업을 할 때도 마찬가지다. 가족과 관련된 주제는 매우 효과적이다. 독신일지라도 만일 부모에 대한 이야기를 들을 수 있다면 그 사람의 히스토리가 보일 것이다.

자녀가 있는 고객이라면 좀 더 깊게 파고들어도 좋다. 분명히 스마트폰에 저장된 자녀 사진은 한두 장 정도가 아닐 것이다. 수백 장, 아니

수천 장에 이르는 사람도 있다.

고객이 허락하는 선에서 사진을 보면서 '멋지네요', '행복해 보여요', '여자아이인가요?' 등 질문 공세를 펼칠 수 있는 상황이라면 더욱 바짝 다가간다. 뒤로 물러설 필요가 없다.

부끄럽지만 딸만 셋인 나도 '자녀 사진을 보여주고 싶은 사람' 중 한 명이다.

사람에 따라서 부끄러움을 느끼는 정도의 차이는 있을지 몰라도 부모로서 기분이 상할 사람은 없다. 가족사진을 계기로 2시간 정도 고객의 이런저런 이야기를 경청한다.

가족 구성, 가족의 나이, 학년, 서클 활동, 학원, 잘하는 과목, 취미, 운동, 혈액형, 직업, 내 집, 결혼기념일, 장래 희망, 어떤 아이로 키우고 싶은지 등과 같은 기본적인 정보를 비롯해서 고객이 흥미와 관심을 갖고 있는 것이라면 뭐든지 당신도 흥미와 관심을 가져보길 바란다.

단순한 퍼포먼스가 아니라 진심으로 눈앞에 있는 한 사람의 인간과 그 가족 그리고 그 사람의 '인생'에 마음을 기울여 보는 것이다.

인간은 자신에게 흥미와 관심을 가져주는 사람에게 흥미와 관심이 생기고 마음의 문을 여는 법이다.

20

'해결사'로서
상품을 제안하라

영업의 본질이란 무엇일까? '판매'라는 행위를 통해서 고객의 '인생 문제'를 해결하는 것이다.

고객의 문제가 해결되지 않는 한, 영업은 성공했다고 말할 수 없다.

만일 고객의 문제가 아무것도 개선되지 않았고 해결되지 않았다면 그것은 '강매'의 영역에서 벗어나지 못한 상태다. 영업사원의 상황을 우선시해서 밀기(push)형의 '부탁 세일즈'를 하고 있다면 한시라도 빨리 그런 민폐 행위를 멈춰야 한다.

고객에게 욕구가 없는 상품을 강제로 팔아넘기거나 '근성, 근성, 근성'하며 여러 번 찾아가서 울며불며 매달리거나 거절하지 못하도록 값비싼 사은품을 보내는 등 마지못해 구입하게 하고 나중에 후회하게 만드는 영업을 지속한다면 영업사원에 대한 부정적인 이미지는 영원히 불식되지 않을 것이다. 이런 나쁜 이미지 때문에 빚어지는 피해야말로 우리들 영업사원의 업무를 더욱 곤란하게 한다.

당신은 현재 고객의 인생 문제를 해결해 주고 있어서 '고객이 기뻐한다', '고객에게 도움이 된다', '고객에게 감사 인사를 받고 있다'고 떳떳하게 말할 수 있는가?

어쩌면 판매자의 형편에 맞춰서 눈 가리고 아웅 하는 식으로 매일

'타협'을 반복하고 있지는 않은가? 판매자의 이익을 우선시하는 실적 위주의 영업을 하고 있지는 않은가?

만일 개인의 선의적인 판단이 허락되지 않는 암흑 조직에 소속되어 있다면 내일이라도 당장 손을 씻고 한시라도 빨리 '착실한 사람'으로 돌아와야 한다.

'해결책'으로 상품을 판매하는 것이야말로 영업의 진수(眞髓)다.

판매 기회는 다음과 같은 말 한마디로부터 시작된다.

'뭔가 곤란한 일은 없으신가요?'

만일 당신이 직접 해결할 수 없는 문제라면 당신의 폭넓은 네트워크를 활용해서 유력한 영업사원을 소개하고 사람과 사람을 잇는 '해결 네트워크'를 형성해 나간다.

그렇게 하면 향후 당신은 잠재 고객이 없어서 곤란해질 일은 없을 것이다.

경쟁자와 격차를 벌리고 싶다면 '해결사'가 되어서 최선을 다하는 것이 현명하다.

언제, 어디서든 마음속에 '해결! 해결! 문제 해결!'이라는 의식을 굳게 다지고 열심히 활동해나가자.

21 프레젠테이션은 '위대한 쇼맨' 처럼 하라

나는 할리우드 영화 중 〈위대한 쇼맨(The Greatest Showman)〉을 좋아한다.

이 영화는 매우 흥미롭고 스펙터클한 뮤지컬 영화다. 오프닝부터 온몸에 전율이 느껴질 정도로 화려하며 멋진 춤과 드라마틱한 스토리가 돋보인다.

또한 버라이어티한 음악에 압도되어 도저히 스크린에서 눈을 뗄 수가 없다.

외모나 지위와 상관없이 '있는 그대로' 그리고 '자기답게' 살라는 메시지를 담은 주제곡 'This is me(이것이 나다)'에는 누구나 큰 감동을 받았을 것이다.

무엇이 이토록 사람을 매료시키는 것일까? 부디 한 번쯤 감상해 보고 그런 삶을 추구해 보길 바란다.

이렇게 당부하는 이유는 영업의 '프레젠테이션'도 '위대한 쇼맨'과 같기를 바라기 때문이다.

프레젠테이션에 임하는 당신은 심장이 콩닥콩닥 뛰는가? (춤을 추는가?)

적절한 속도로 리듬을 타고 프레젠테이션이 끝났을 때에 여운을 남길 수 있는 연출을 구사하고 있는가?

있는 그대로의 당신, 자기다운 당신, 살아서 숨 쉬는 당신의 모습을 마치 노래를 부르듯이 표현해야 한다.

춤을 추고 또 추고, 추고 열심히 추는 즐거운 연출을 통해서 영업에 대한 자신의 생각을 말하고 고객에게 그 중요성을 호소하며 장점을 전달해야 한다.

그렇다. 〈위대한 쇼맨〉의 주제곡처럼 '이것이 나다. ○○○라는 영업사원이다'라고 '뮤지컬 세일즈'를 보여주는 것이다.

있는 그대로의 자신을 보여주지 않는 한, 진심과 감동을 전달하는 '표현자'가 될 수 없다.

어정쩡하게 소극적인 행동은 고객을 멀리 떠나보내고 발길을 돌리게 할 뿐이다.

프레젠테이션은 그야말로 '인생 찬가'다.

이제부터 '이것이 바로 프레젠테이션의 뮤지컬 영화'라고 말할 수 있을 만큼 멋진 '작품'을 만들어서 고객을 즐겁게 하자.

지금 당장 따분하기 짝이 없는 프레젠테이션은 그만둬라.

내일부터 〈위대한 쇼맨〉이 되라!

22 일부러 자학적으로 '좋은 점merit'을 강조하라

어떤 상품이든 긍정적인 측면과 부정적인 측면이 있고 좋은 점과 나쁜 점도 있다. 이는 당연한 이치다. 영업사원 중에 '고객에게 굳이 나쁜 점을 전달할 필요가 있느냐'며 나쁜 점을 절대 말하지 않고 좋은 점만 부각하는 수완가도 있다.

하지만 이런 판매 방식으로 영업 실적은 안정되지 않는다. 언젠가 도태될 것이 뻔하고 실제로 나는 그런 영업사원을 수도 없이 많이 봐 왔다.

'정직을 이길 기술은 없다'는 예부터 전해 내려오는 말이다. 실제로 이득인 상품인지, 실제로 욕구를 충족시켜줄 구매인지, 실제로 지금이 구입하기에 적기인지 등 고객은 '진실'을 알 권리가 있다.

당신은 '정직함을 팔아야' 한다. 정직한 당신 자신이 부가가치가 되는 최적의 상품을 판매하는 것이 바로 영업이라는 직업이다. 하지만 좋은 점만 나불대는 당신에게서 정직함이 고객에게 잘 전달되고 있을지 의문이다. 다시 말해서 '의심'스럽다.

당신은 항상 결론을 뒷전으로 미루고 있지 않은가? 늘 핑계를 대며 빙 둘러서 설명하고 있지 않은가? 겸손을 떨며 소극적인 모습을 보이지 않은가? 만일 이 중 하나라도 해당된다면 고객은 불명확한 당신을 믿지 않을 것이다.

즉 고객은 겉과 속이 다르지 않고 뒤끝이 없는 사람을 좋아한다. 최종적인 판단 기준은 당신이 '진실을 말하고 있느냐 그렇지 않느냐', '거짓말을 하지 않는 사람인가'의 여부다. 당신이 뭔가 감추고 있다고 느낀 순간, 고객은 '타사 제품도 검토해 보고 싶다'며 결단을 뒤로 미룰 것이다.

고객은 입담이 좋은 영업사원에게 여러 번 당했던 적이 있는 '피해자'다. 더 이상 후회하고 싶지 않을 것이다. 그래서 영업사원의 말이면 무조건 의심부터 하는 습성이 있다. 좋은 점을 강조해봤자 오히려 역효과가 나는 이유다.

따라서 일부러 나쁜 점을 두 가지 이상 제시한 후에 가장 좋은 점을 한 가지 제시하는 '2대 1의 배합' 방법을 활용해보자. '2대 1의 배합'이 화학 반응을 일으켜서 고객의 호감도와 신뢰도를 높여줄 것이다.

좋은 점과 나쁜 점을 모두 전달한 후에 '이 이상으로 타사 제품과 비교하길 원하신다면 저희는 됐습니다'라고 말할 수 있는 기개가 있어야 한다. 나쁜 점을 강조하는, 즉 본심을 드러낸 세일즈 토크는 고객의 경계심을 누그러뜨리고 영업사원의 '양심'에 힘을 실어준다.

23

'사지 않을 리 없다'고 믿고
등을 떠밀어라

실수가 잦고 실적이 부진한 영업사원이 잘 걸리는 병마가 바로 '마무리(closing) 공포증'이다.

눈앞의 잠재 고객이 한 명씩 서서히 사라지는 것이 두려워서 마무리를 하지 못한 채 프레젠테이션을 계속해서 이어나는 것이다.

어쩌면 당신은 고객이 '지금 당신에게 상품을 사려고 한다'는 기분 좋은 말을 해 주길 기다리고 있지 않은가?

만일 그렇다면 '검토해 보겠다'는 시간 초과의 포기 신호를 매번 듣는, 영원한 이류로 남을 것이다.

또한 고객에게 구매 의사를 확인하는 것도 이류, 삼류나 하는 행동이다. '어떻게 하겠느냐'고 재촉하면 '어떡하지? 조금 더 생각해 보겠다'라며 구매 결정을 뒤로 미루고 싶은 것이 고객 심리라는 것이다.

실제로는 이미 '암묵의 승낙'을 받았다고 생각하라. 아직 고객이 계약서에 사인을 하지 않았어도 '승인'을 했다고 자기 멋대로 해석하는 것이다.

'제안한 상품은 고객의 의향에 맞다', '금액 설정도 적당한 가격대로 고객도 납득했다', '회사와 브랜드도 신뢰할 수 있다', '담당자인 당신도 마음에 들지 않는가?'

그렇다면 고객의 의사를 '재확인'할 필요가 없지 않은가?

일단 프레젠테이션이 끝났으면 '구매하시겠습니까?', '어떻게 하시겠습니까?' 등 스트레스가 되는 마무리는 집어치우고 한 발 앞서서 '계약 후'의 사항에 대해서 이야기하면 된다.

'납품은 휴일과 평일 중에 어느 쪽이 좋으시겠습니까?', '결제는 현금으로 하시겠습니까? 신용카드로 하시겠습니까?', '어떤 옵션을 선택하시겠습니까?' 등을 확인하는 것이다.

'오늘은 절차와 진행 방식에 대해서 결정만 하려고 왔다'는 자신만만한 태도가 필수적이다.

그리고 계약서(종이가 아닌 경우에는 태블릿 단말기)를 조용히 고객 앞에 두고 조용히 펜을 내민다. 이 정도로 심플한 마무리면 된다.

물론 눈앞의 고객은 아직 '구매하겠다'고 말하지 않았다. 하지만 '암묵의 승낙'을 밀어붙여서 고객이 결정에 이르도록 등을 떠밀어 주는 것도 당신의 역할이다.

아무리 어려운 상황이라도 '고객이 나에게 사지 않을 리가 없다'는 생각과 강인한 자신감을 가져야 한다.

당신의 위풍당당하고 자신만만한 태도에 고객은 매료될 것이다.

24 '클라이맥스'에는 조용히 유체 이탈을 하라

영업 업계에는 옛날부터 '골든 사일런스(golden silence)'라는 이론이 존재한다.

마무리 단계에서 말을 너무 많이 해서 그 역효과로 고객을 혼란에 빠뜨리는 실수를 연발하는 영업사원에 대한 '교훈'이자 '경고'의 메시지다. 그렇다. '침묵은 금이다'라는 것이다.

프레젠테이션에서 모든 세일즈 토크와 전략을 보여줬다면 그 이상은 조용히 있는 편이 낫다. 더 떠들면 오히려 고객은 혼란스러워지고 결정을 망설이기 때문이다.

따라서 바로 여기다 싶은 클라이맥스에서는 고객에게 조용히 '생각할 시간'을 줘야 한다. 가만히 인내하고 기다리는 것이다.

고객이 먼저 입을 열 때까지 아무 말도 꺼내지 않는다.

부부 싸움도 마찬가지다. 서로에게 비난을 퍼붓다가 지친 나머지 긴 침묵이 흐른 뒤에 먼저 말을 거는 사람이 패자가 아닌가? '타협'이나 '사과'의 말을 건네기 때문이다. 흥미롭게도 영업의 최전선에서도 이와 똑같은 일이 벌어진다.

침묵을 깬 고객의 입에서 나온 말은 대개 호의적(골든)이다.

또한 부부나 부모와 자식 등 복수의 결정권자를 앞에 둔 경우에는 일단 조용히 자리를 뜨는 방법도 효과적이다.

예를 들어 '잠시 화장실 좀 빌려도 될까요?'라며 관계자들이 밀담을 나눌 수 있는 시간을 주는 것이다.

예산, 집안 사정 등 영업사원 앞에서 말할 수 없는 부분에 대해서 의논하기 쉽도록 배려해야 한다.

잠시 후 자리로 돌아왔을 때는 이미 결론이 나있거나 계약 성사에 한 발 다가선 반가운 질문이 나오는 경우도 적지 않다. 나쁜 '기운'을 화장실에서 떠내려 버리고 온다고 생각하자. 그러면 상쾌한 미소와 새로운 마음가짐으로 최종 라운드에 임할 수 있을 것이다.

이외에도 '죄송하지만 급한 용무가 있어서요. 실례가 안 된다면 전화 한 통만 해도 될까요?'라며 허락을 받고 일단 밖으로 나가는 것도 좋다.

또한 조금 어려운 수준 높은 테크닉인데 침묵이 흐를 때에 수첩을 보면서 '저는 무슨 말씀을 나누시는지 전혀 안 들립니다'라는 태도를 보이는 것이다. 눈앞의 고객이 편하게 의논할 수 있도록 분위기를 조성해 주는 것이다.

그렇다. 당신은 조용히 '유체 이탈'을 시도하면 된다.

25

계약 후 2주일 이내에 '리뷰'를 실행하라

최악의 영업사원은 계약을 성사시킨 후에 이를 끝으로 고객에 대한 관심을 끊고 상품만 팔아넘긴 채 두 번 다시 방문하지 않는 '이해타산 적인 사람'이다.

이런 식이라면 성실한 사후 서비스를 믿고 계약한 고객이 불쌍하지 않은가?

그야말로 잡아놓은 물고기에게 떡밥을 주지 않는다는 심해도 너무 심한 경우가 아닌가?

고객이 배신을 당했다고 느끼는 것도 무리는 아니다.

사실 이런 '배신' 행위는 영업 세계에서 보기 드문 일은 아니다. 세상 사람들이 생각하는 일반적인 영업사원의 이미지이기도 하다.

영업사원이 아무리 열심히 설명을 해도 고객이 쉽게 결정을 내리지 못하는 이유는 '분명히 말만 저런 거야'라는 의심 때문이다.

그렇다면 이런 상황을 정반대의 상황으로 바꾸는 것이 다른 영업사 원들과 차별화를 꾀할 수 있는 기회가 아닐까?

'자신은 상품만 팔아넘기는 그런 무책임한 영업사원이 아니다'라는 구체적인 행동을 보이고 증명해보자. 말만으로 신용을 얻을 수 없다면 일단 '행동'이다.

계약을 체결한 후에 '예외 없이' 모든 고객을 2주일 이내에 '재방문' 하고 '리뷰'를 실시한다.

리뷰란 복습, 검토, 강평, 정밀조사, 보고, 평가, 회고, 비평, 재고, 평론, 심사, 개관, 의견, 조사 등의 의미를 갖는다.

나중에 상황이 정리되면 계약 내용이나 불명확했던 점 등을 확인한다. 또한 부가된 서비스나 옵션, 난해한 약관 설명, 미흡한 점이나 고장이 발생했을 때의 대처법 등 계약 전에 자세하게 설명하지 못했던 부분과 더불어 계약 시에 언급했던 설명을 차분하게 재확인하면 고객의 이해도는 훨씬 더 높아질 것이다.

'이런 영업사원은 지금까지 본 적이 없다'는 말을 고객에게 들을 수 있는 수준까지 리뷰를 실시하길 바란다.

그렇게 하면 당신에 대한 신뢰도가 높아지는 것은 물론, 신규 고객을 소개받거나 추가 계약의 성사가 용이해질 것이다. 이제 내일부터 당신은 단순한 영업사원이 아니라 성심성의껏 사후 서비스를 제공하는 '리뷰어'가 되라.

CHAPTER 02

ACTIONS

────── 신(神)전술 ──────

출세 못하는 인간에는 두 종류가 있다. 하나는 지시를 따르지 못하는 사람이고,
다른 하나는 지시밖에 따르지 못하는 사람이다.

앤드류 카네기 Andrew Carnegie

·

최고를 지향하고 최악에 대비하라.

제프 베조스 Jeffrey Preston Bezos

·

두려운 것에 눈을 감기 때문에 두려운 것이다.
자세히 들여다보면 두려운 것 따위는 없다.

구로사와 아키라 黒澤明

26 모든 이를 이념으로 '세뇌' 하라

나는 종교가 없다. 하지만 내가 땀 흘리며 열심히 일하는 모습을 본 주변 사람들이 '하야카와교'의 교주라고 놀리곤 한다.

그럴 때마다 나는 '나의 뜨거운 열정과 생각이 전파되고 있다는 증거'라며 칭찬의 말로 받아들이고 있는데, 역시 영업의 원점은 '자신의 열정과 생각'을 전달하는 포교 활동이 아닐까 싶다.

자신이 무엇을 위해서 이 일을 시작했고, 무엇을 위해서 영업을 하고 있는지, 무엇을 위해서 고객을 만나러 왔는지, 무엇을 위해서 태어났고 무엇을 위해서 죽는지 등을 진지하게 전달하지 않으면 고객에게 영원히 선택받을 수 없다.

나의 이런 '열정과 생각'에 대해서 겉만 번지르르한 허울에 불과하다며 비웃는 사람이 있다면 설령 그 사람이 고객일지라도 나는 주저 없이 화를 낼 것이다. 자존심에 상처를 입었는데 아첨을 떨며 머리를 숙인다면 나 자신이 처량하게 느껴지기 때문이다.

소중한 '자존심'을 버리는 순간, 자신감도 와르르 무너진다. 자신을 비하하는 영업사원일수록 나약하고 믿음직스럽지 못하다. 어두침침하고 부정적으로 보이는 영업사원에게는 아무도 가까이 다가가고 싶어 하지 않는 법이다.

당신의 생각과 열정이 진심이라면 배알이 꼬인 사람이나 심술궂은 사람이 아닌 이상 그것을 우습게 볼 사람은 없다. 진심이기에 부정할 수 없다.

당신이 반대 입장이라도 그렇지 않은가? 진지한 사람을 보면 '인정해 주고' '응원해 주고' 싶어진다. 반면에 어중이떠중이식의 경박한 사람을 보면 비웃게 되고 결국은 큰 규모의 매입을 부탁할 수 없다.

항상 고객은 당신을 관찰한다. 당신에게 '이념'이 있는지, 그 이념에 고결함이 있는지 등을 살핀다. 따라서 진심으로 '자신의 이념을 관철하는' 영업사원만이 살아남을 수 있는 것이다.

자신을 반복적으로 세뇌시키는 것이야말로 믿음직스러운 영업사원이 되는 왕도다. '포교 영업 활동'의 결과로 계약자(=신자)의 수가 비약적으로 늘어난다면 사내 평가도 좋아지고 출세의 길을 걷게 될 것이다. 실적이 상승 곡선을 타고 수입도 안정세로 돌아설 것이며 사회적 지위도 높아질 것이다.

가족이 기뻐하는 것은 물론 당신의 생활수준도 올라갈 것이다. 화목이 넘쳐흐르고 웃음이 끊이지 않을 것이다. 당신은 매일매일 행복을 실감할 것이다. 그렇다. 말 그대로 '믿는 자가 구원을 받는 것'이다.

27

비전을 선전 문구로 내걸고
'입버릇' 처럼 말하라

'이념=바람직한 모습'을 뇌에 강력하게 새겼다면 그다음에는 '비전'을 입버릇처럼 말해야 한다. 비전이란 굳이 언급할 필요도 없겠지만, 당신이 '이루고 싶은 모습', '목표로 삼은 모습'이다.

'나의 미래는 이럴 것이다'라는 긍정적인 비전을 선전 문구로 내걸고 '입버릇'처럼 말하라. 그리고 '행복한 미래를 창조하는 말'을 구사하며 활동하라.

예를 들어 나는 외국계 생명보험사의 나고야지사장으로 근무했을 때에 '10관왕을 기록해서 외국계 보험사 NO.1 지사로 만들겠다!'라는 비전을 세우고 이를 선전 문구로 내걸었다. 그리고 입버릇처럼 떠들고 다녔다. '10관왕', '10관왕', '10관왕'이라며 아침부터 밤까지 계속해서 외쳐댔고 '10관왕 포스트'까지 만들어 사내에 게시했다.

그래서 어떻게 되었는지 아는가? 실적 부진으로 바닥을 치던 나고야지사가 전국 콘테스트에서 주요 항목 10개 부분에서 1위를 차지했다. 항목은 목표 달성률, 환산보험료 수입, 계약 건수, 개인 생산성, MDRT수, 입상자 점유율, 재적수, 신상품 매출, 지속률로 전국 지사 중에서 NO.1을 기록했다. 그것도 엄청난 격차를 벌리며 말이다.

지금 돌이켜보면 '비전'을 선전 문구로 내걸었기에 영업사원들이

'입버릇'처럼 떠들고 다녔고 '말에 깃든 영적인 힘(=言靈*말에 담겨져 있다는 이상한 영력)'이 100배로 커져서 큰 기적을 낳은 것이다.

말에는 긍정의 힘과 부정의 힘이 있다. 어떤 말을 입에 담느냐에 따라서 당신의 영업사원 인생은 확연히 달라질 것이다. 따라서 긍정적인 말 외에는 사용하지 않는 것이 좋다.

특히 부정적인 말은 상황을 점점 더 나쁜 방향으로 가속화하니 주의해야 한다. '불길한 예감'이나 '나쁜 기운의 염려' 등도 입에 담아서는 안 된다. 입으로 발설하는 순간, 그것이 자신의 잠재의식 속으로 침투해서 '최악의 현실'을 불러내니 조심 또 조심해야 한다.

무심코 부정적인 말을 내뱉을 때마다 자신을 불행하게 만드는 '행동'이 시작된다는 것을 명심하라.

'고객의 험담에 동조하는 부정적인 동료와 어울렸더니 사기가 떨어졌다.' '회사를 비방하고 중상모략만 꾀하다가 신뢰를 잃고 그만 좌천당했다.' '더러운 소문이 끊이지 않는 거래처인 것을 알면서도 부정에 관여하다가 해고당했다.'

이처럼 부정적인 말은 당신의 영업 실적에 제동을 걸고 발목을 잡을 뿐만 아니라, 불행의 나락으로 떨어지는 인생을 가져다준다.

28 팔기 전에 '자기 자신'을 완벽하게 설득하라

나는 채용 면접관으로 투입되는 일이 잦은 편인데, 면접 시험장에서 '사람을 설득할 때에 중요하게 생각하는 포인트는 무엇인지, 세 가지를 말해 달라'는 질문을 꼭 던진다.

그러면 아무리 풍부한 경험을 자랑하는 지원자일지라도 본질을 꿰뚫는 답을 내놓는 경우는 거의 드물다.

가장 많이 나오는 대답이 '청취', '욕구 부응', '장점 전달'로 평범하고 따분한 포인트만 언급한다. 그럴 때마다 나는 '전혀 모르는구나'라고 느낀다. 그 정도로는 꽁꽁 얼어붙은 고객의 마음을 녹일 수 없다.

진심으로 '고객을 설득하고 납득시키고 싶다', '고객이 재고해 주면 좋겠다', '고객의 꿈쩍도 하지 않는 마음을 움직이고 싶다'고 바란다면 고객을 설득하기 이전에 일단 자기 자신을 완벽하게 설득할 수 있어야 한다.

애초에 본인이 마음에 들지 않는 것, 본인이 좋아하지 않는 것, 훌륭하다는 생각이 들지 않는 것을 어떻게 진심을 담아서 권유할 수 있는가? 열정이 없는 냉랭한 마음가짐으로 상품을 팔아봤자 현명한 고객은 모든 것을 꿰뚫어보고 사지 않는다.

아니면 거부감을 느낄 것이다. '뭔가 느낌이 좋지 않다. 사지 않겠다'

는 판단을 내릴 것이다. 그런데 거기에 대고 '타사 상품보다 합리적인 가격에 유명한 브랜드이고 인기가 많고 좋은 상품이라면 팔릴 텐데…'라는 평계를 반복하는 영업사원은 자신의 무능함을 드러내는 꼴이다.

누구라도 특별한 설명 없이 팔 수 있는 상품을 팔았다고 그것을 과연 '영업'이라고 할 수 있을까?

비싼 가격에 상응하는 상품도 있고, 알려지지 않은 브랜드라도 질 좋은 상품도 있다. 또한 다른 사람에게는 인기가 없어도 그 사람에게 잘 맞는 상품도 있다. 어떤 상품이든 여러 결점 속에 딱 한 가지 '빛이 날 정도로 좋은 점'도 있는 법이다.

당신이 고객에게 자신감을 갖고 떳떳하게 소개할 수 있도록, 진심으로 그 상품이 좋아질 때까지 연구를 거듭해서 그 상품만의 '매력'을 찾아야 한다.

그리고 당신이 판매하는 것은 항상 '최고의 상품'이라고 자기 자신에게 '영업'을 하는 것도 잊어서는 안 된다.

'고객을 위해서 나는 무슨 일이 있어도 최고의 상품을 판매한다. 팔지 않는 것은 "악(惡)"이고 파는 것이 "선(善)"이다'라고 스스로 자기 자신을 완벽하게 설득해야 한다.

29

상품을 팔지 마라
'인생'을 팔아라

일에 보람을 느끼지 못하는 영업사원은 영업이라는 직업을 상품 특징이나 우위성을 설명하고 고객이 원하는 상품을 판매하는 '작업'이라고 오해하기 쉽다. 이래서는 매너리즘에 빠져서 일이 '따분하게' 느껴지는 것이 당연하다.

영업사원이 판매하는 것은 단순히 '상품'이 아니라 '가치'라는 점을 잊어서는 안 된다. 가치의 수(數)는 고객의 수만큼 존재한다.

한 명 한 명의 고객이 몇 가지의 가치를 바란다면 영업사원이 취급하는 상품이나 서비스는 그의 몇 곱절로 무한대로 늘어난다.

그래서 영업 활동이 단조로울 일은 절대로 없다. 버라이어티한 일이 넘치는 즐거운 나날이 존재한다. 행복을 느끼는 감각은 사람마다 다르고 건강, 가족, 취미, 돈, 시간, 명예, 인간관계 등 소중하게 여기는 가치관도 저마다 다르다.

그리고 하나하나의 가치는 크게 부풀어 오른다. 기능으로의 가치는 변함없지만 '의미'로써의 가치는 크게 변할 수 있다. 당신이 어떻게 하느냐에 따라서 무한대로 부풀릴 수 있다.

예를 들어 정년퇴임 후의 노년 부부에게 호화 여객선을 타고 세계 일주를 떠나는 여행 상품을 판매하려고 한다고 치자.

이들 부부는 인생의 후반에서 부부 둘이서 단란하게 세계 일주를 함으로써 서로에게 감사의 마음을 느끼면서 성숙한 사랑을 더욱 굳게 다지고 멋진 기억으로 남을 추억을 만들고 싶을 것이다.

비행기나 열차 여행으로는 경험할 수 없는, 여객선만의 '가치'를 전달하는 것이 영업사원의 역할이다. 그야말로 '인생의 추억'을 한 장 한 장 정성껏 판매하는 것이다.

그런데 가치를 강매하는 행위는 우매한 과당 경쟁의 산물에 지나지 않는다. 당신이 고집하는 상품이나 계획이 고객에게도 소중하다면 틀림없이 훌륭한 가치가 될 테지만 만일 다르다면 가치는 제로다.

'고객에게 가치 있는 것이 가치'이지 영업사원인 당신에게 가치 있는 것은 고객에게 관심 밖의 쓰레기일 가능성도 존재한다는 점을 명심해야 한다.

진정한 '가치의 가치'를 깨달은 영업사원만이 '승리'할 수 있다.

우리들 영업사원은 고객이 바라는 인생의 꿈을 실현하는 데에 도움이 되는 가치 있는 상품을 매우 만족해하면서 구매할 수 있도록, 이를 목표로 삼아야 한다.

영업사원이란 '인생'을 판매하는 직업이다.

30 '당사자 부가가치'를 옵션으로 팔아라

옛날부터 '경쟁사에게 상품으로 이겼어도 언젠가 상품으로 진다'는 말이 있다.

상품의 장단점만으로 승부를 걸려는 영업사원은 자신의 힘으로 어쩔 수 없는 상품 기능의 우열성이나 소모적인 가격 경쟁에 농락당하고 주춤거리다가 결국에는 주저앉고 만다. 이들이 내놓는 핑계는 항상 정해져 있다. '상품을 탓'한다.

그런데 언제까지 상품에만 의존하고 있을 것인가? 상품에 의존하는 한, 영업사원의 실력은 늘지 않는다.

'상품력이 강한 업체일수록 "영업력"이 약하다'는 정설은 이제 영업의 세계에서 상식 중의 상식이다.

물론 상품의 격차가 유리하기도 하고 불리하기도 한 점은 부정할 수 없는 사실이고 상품력이 큰 이점(advantage)이 되기도 하지만 절대적이지는 않다.

시대의 유행에 좌우되지 않고 타사의 브랜드 파워나 가격 설정에 영향을 받지 않는다. 그리고 당신의 영업 실적을 꾸준히 올려나가고 싶다면 영업사원으로서 '자신을 최고의 상품'으로 파는 데에 최선을 다해야 한다.

즉 자신이라는 '부가가치'를 얼마만큼이나 높게 판매할 것인가에 달려 있다.

다시 말해서 '열정'을 팔고 '신뢰'를 팔고 '인간력'을 팔아야 한다.

자신의 힘으로 어쩔 수 없는 상품성에 의존해서 고생할 바에는 끊임없이 우위성을 갈고 닦을 수 있는 '자기 자신'을 키우고, 그것을 무기로 영업을 하는 편이 성공으로 가는 확실한 지름길이다.

'자기 자신'이라는 최고의 '특약', '옵션'이 붙은 상품은 그 어디에서도 판매하지 않는다는 마음가짐을 갖는다. 그런 상품은 눈을 씻고 찾아봐도 찾을 수 없다. 어디를 가도 살 수 없다. 그만큼 희소가치가 있다고 믿어야 한다.

이렇게 당신은 고객에게 '자기 자신'이라는 부가가치를 제공해야 한다. 누가 뭐래도 당신 자신이 제공하는 서비스는 '무료'다. 담당자인 영업사원의 부가가치가 높을수록 비용 성과(cost performance)는 올라가고 고객의 행렬은 끊이지 않을 것이다.

고객이 '당신에게 맡기고 싶다'는 생각을 하게끔 만들 수 있다면 상품 자체의 장단점, 가격 등은 단순한 최종 확인 사항에 지나지 않는다.

유일무이한 최고의 상품은 바로 '당신'이다.

31 'SNS'를 구호로 잠재 '회전률'을 높여라

영업사원에게 필수적인 행동 특성은 뛰어난 운동선수와 마찬가지로 '스피드와 충전(Speed & charge)'일 것이다. 만일 자신의 행동에 소극적인 징조가 나타났다면 곧바로 이를 알아차리고 액셀을 밟아서 스피드를 높일 수 있는 영업사원만이 경쟁에서 이길 수 있다. 진정으로 최선을 다하는 '도전자 체질'이 필요하다.

실적이 부진한 사람은 결코 능력이 '낮아서'가 아니라 행동이 '느리기' 때문이다. 1주일이면 끝낼 업무를 느릿느릿 2주일에 걸쳐서 하는 것이다.

또한 가뜩이나 둔한 기동력에 정체를 알 수 없는 공포심이 제동을 걸기도 한다. 되도록이면 거절당하지 않으려고, 거절당하고 싶지 않아서 신중하면서도 소극적인 '수동적인 영업'을 추구하는 것이다.

일단 무슨 일이든 뒤로 미루고 싶어한다. 오늘 할 수 있는 전화도 내일로 미루고 싶고 이번 주에 갈 수 있는 고객 방문도 다음 주로 미루고 싶은 등 가능하면 나중으로 미뤄서 결국은 영업을 하지 않고 끝내고 싶은 것이다.

게다가 상대방이 공포의 망령이니 사태는 더욱 심각하다. '끈질기다는 오해를 사지 않도록 다음에 다시 하자'며 우물쭈물 뒤로 물러나고 만다.

이런 식으로는 소중한 고객을 잃는 것은 물론, 영원히 '다음 단계'로 나아가지 못하고 '회전률' 또한 향상되지 않는다. 이런 상황에서 자신은 배려심이 넘치는 '성실한 영업사원'이라며 착각에 빠지기 쉽기에 기가 막힐 노릇이다.

큰 실적을 올리고 싶다면 거절당하지 않는 영업을 목표로 삼기보다는 스피드를 높여서 당장 해야 할 일을 한시라도 빨리 끝내야 한다. 성패에 일희일비할 시간이 없다. 애초에 안 될 일은 누가 해도 안 된다.

스피드가 붙었다면 그다음 구호는 '넥스트(next)!', '리스타트(re-start)!'다.

요즘 시대에는 '스피드, 넥스트, 스타트(Speed, Next, Start)', 즉 'SNS'가 중요하다.

모든 상품의 수익률을 결정짓는 열쇠가 스피드와 '회전률'이라면, 세일즈 프로세스에서도 스피드와 '회전률'을 빠뜨릴 수 없다. 창문 하나하나를 닫지 않으면 창문 하나하나를 열 수 없다.

스피드와 충전의 자세로 차근차근 업무를 끝마쳐야 한다.

또 다른 '미래로 가는 창문'을 비집고 열기 위해서.

32 '실패 목록'을 작성해서 반년마다 방문하라

'실패는 성공의 어머니'라는 속담을 증명하는 과학적인 자료를 근거로 영업 활동을 할 수 있다면 '거절당하는 용기'도 생길 것이다.

그러려면 마지막으로 고객과 헤어질 때에 반드시 이 말을 덧붙이는 것이 절대 조건이다. "6개월 후 즈음에 제안을 드려도 괜찮을까요?"라고 말이다.

생명보험 업계의 경우 거절한 고객 중의 15%가 '반년 후의 재접근'으로 계약을 체결했다는 근거를 방대한 자료로부터 이끌어 낸 회사가 있다.

거절한 고객의 분모가 100명이라면 15명이 계약 성사에 이르렀다는 것이다. 즉 200명이면 40명, 1,000명이면 150명, 2,000명이면 무려 300명이나 새로운 고객이 된다는 계산이다.

그렇다면 한 번 거절당했다고 잠재 고객의 목록에서 영구 삭제하는 것은 아깝지 않은가?

말하지 않아도 이미 '열심히 재접근을 시도하고 있는 사람'도 많을 것이다. 그런데 이들은 아마도 상대하기 어려운 고객을 제외하고 갑자기 생각난 사람이나 실적이 부진할 때에 연락하는 수준의 재접근을 시도하고 있을 것이다.

그런 식으로 제멋대로 2개월 후에 재접근을 시도했다가는 고객에게 '끈질기다'는 미움을 살 뿐이다. 2년 후에 재접근을 시도해봤자 '당신 누구야?', '이미 다른 회사에서 샀다'는 냉혹한 답변만이 되돌아올 것이다. 그래서 나는 거절당한 모든 고객에게 한 명도 빠짐없이 '반년 후'에 재방문하라고 제안하고 싶다.

반년 정도 지나면 환경에 변화가 생기기 마련이다. '결혼했다', '가정에 불행이 찾아왔다', '승진이나 승급했다', '바쁜 시기가 지나서 검토할 여유가 생겼다', '아는 영업 담당자가 돌연 퇴직했다' 등 인생에는 늘 변화가 따른다.

따라서 당신은 반년 후에 찾아올 '계약 성사의 기회'를 이미지화해서 '실패'를 매듭지어야 한다.

전략적으로 '거절당한 고객 목록'을 철저히 관리하고 정기적인 방문 시스템을 구축하라. 그렇게 하면 고객에게 거절당할수록 고객의 수는 점점 더 늘어나는 것이 아닌가? '일단 거절당하자'는 마인드가 중요하다.

이제부터 더 많이 실패하라. 잘해야 한다고 말할 때가 아니다.

이제 두려워 할 것은 아무것도 없다.

33 기대를 웃도는 '성실한 사람'이 되라

영업이 적성에 맞는 사람을 예로 들 때에 나는 '여자 같은 남자 혹은 남자 같은 여자가 좋다'는 표현을 자주 사용한다. 즉 남성적인 '다부진 대담함'과 여성적인 '자상한 섬세함'을 두루 갖춘 사람이 좋다는 뜻이다.

여기서 '세심함'이란 예민함보다는 '성실함', '바지런함'에 가깝다는 것을 강조하고 싶다. 대담한 적극성도 때로는 중요한 적성이기는 하나 항상 고객의 마음을 움켜쥐고 놓치고 싶지 않다면 '성실함', '바지런함'에 최선을 다해야 한다.

참고로 내 이름은 '하야카와 마사루'인데 주변 사람들은 '하야카와 마메루(일본식 언어유희가 사용된 부분이다. 일본어로 성실함이 마메다. -역자)'라고도 불렀다. 그만큼 나는 성실하고 바지런하다.

이것이 영업사원으로 일하는 동안 얼마나 큰 이점이 되었는지 이루 말할 수 없다.

성실한 사람이 되려면 다음의 세 가지 중요한 포인트를 갖추어야 한다.

첫 번째는 충성심, 두 번째는 리액션, 세 번째는 독심술이다.

'충성심'이란 '억지스럽더라도 어떤 말이든 다 듣겠다'는 자세다.

실제로 무슨 말이든 다 들어줄 수도 없고 다 들어야 하는 것도 아니다. 하지만 우리는 영업사원이다. 충실하게 영업에 심취한 행동을 보이고 가능하면 고객이 요구에 부응하며 신뢰를 쟁취해야 한다.

'리액션'은 빠른 반응을 보여주는 일련의 행동이다.

고객이 가장 싫어하는 사람이 '입만 나불거리는 영업사원'이다. 그와 정반대되는 행동을 보이는 것이다. 일단 즉각적인 대답을 내놓고 실패는 재빨리 털어 내고 불만은 진심을 다해서 응대한다.

'독심술'은 항상 고객이 무엇을 생각하고 무엇을 바라는지, 고객의 마음을 파악하려는 습관을 기르는 것이다. 가려운 곳을 긁어주는 즉 '먼저 알아차리고 먼저 손을 쓰는' 응대야말로 세심한 영업사원의 진면목이라 할 수 있다.

이 세 가지 포인트를 의식하고 고객의 '기대치'를 어떻게 하면 뛰어넘을 수 있을까를 생각하며 최선을 다해야 한다.

고객의 기대치를 웃돌고, 웃돌고, 웃도는 것에 비례해서 당신의 영업실적은 향상될 것이다.

고객의 입에서 '그렇게까지 하면 더 이상 거절할 수 없다'는 말이 나올 정도로 세심한 사람이 되어야 한다.

34 적극적인 어리광으로 '서로 의지하는 관계'를 만들라

요즘 젊은 영업사원들은 고객에게 '어리광을 부리는 것'에 서툴다. 고객을 배려한다면서 일정한 거리를 유지하는데, 그러면 고객과의 진정한 신뢰 관계를 구축할 수 없다.

어리광을 부릴 수 있는 사이는 상대방의 존재를 인정한 후에 자신의 본심을 드러낼 수 있는 관계다. 고객에게 어리광을 부리려면 어느 정도 '자신감'이 필요하다. 어리광은 나약함이 아니다. 오히려 어리광을 부리고 싶은데, 부리지 못하는 쪽이 나약한 것이다. 좀 더 고객 앞에서 뻔뻔하게 행동했으면 좋겠다. 본래 자연스러운 모습일 것이다.

이미 잘 알려진 성공 법칙으로 '기브 앤드 테이크의 정신이 중요하니 보상을 기대해서는 안 된다'라는 것이 있다. 나 또한 그렇게 생각한다. 그런데 좀 더 진화한 고객과의 신뢰 관계에서는 '기브 앤드 테이크'의 '테이크'를 우선시했으면 한다.

즉 어리광의 '테이크 앤드 기브'다. 이것이야말로 영업 활동의 자연스러운 모습이자 영업을 즐길 수 있는 비결이다.

서로를 '테이크 앤드 기브'의 자세로 대하면 '서로 의지하는 신뢰 관계'가 생긴다. 서로 배려하고 돕는 것이 전제인 아름다운 관계보다 어리광을 부리고 어리광을 받아주는 얼핏 꼴사나워 보이는 '서로 의지하는 관계'야말로 어른스러운 신뢰 관계다. 어리광을 부릴 수 없는 고객과의 관계는 '아직 성숙되지 않았다'는 증거라고 볼 수 있다.

고객을 이용하는 자세도 나쁘지는 않다. 그 대신에 상대방의 어리광을 인정해 줘야 한다. 당신이 고객의 어리광을 불쾌하게 느낀다면 진정한 신뢰 관계는 성립되지 않는다. 고객에게 어리광만 부리고 고객의 어리광을 받아주지 않는 것은 자기중심적인 행동일 뿐이다.

'남에게 의존하는 것은 나약한 사람이라는 증거다'라고 오해하고 남들에게 멋지게 보이려는 당신! 이제부터 고객에게 좀 더 어리광을 부려보길 바란다. 인격이 다르면 정체성도 다르다는 것을 인정한 후에 고객의 호의를 이용하거나 의존하는 것도 중요한 능력이다.

예를 들어 돈이 없을 때는 솔직하게 고객에게 신세를 지는 것이 어떤가? 곤란할 때는 고객을 찾아가 상담을 요청하는 것도 나쁘지 않다. 일손이 부족할 때에 고객에게 도움을 받는 것도 좋지 않은가?

고객이 자신을 위해서 희생해 줄 것을 기대하고 가깝게 지내는 것도 좋다. 자신의 욕구를 그대로 따르면서 고객과 '어리광을 던지고 받는 캐치볼'을 즐겨보길 바란다.

그렇게 고객과 '어른스러운 우정'을 쌓아가는 것이다.

35 '분위기'를 읽지 마라

분위기는 읽는 것이 아니다. 분위기는 자기 스스로 만들어 나가는 것이다.

물론 '주변 사람들에게 신경을 쓰고 배려하는 것이 중요하다'는 말을 부정하려는 것은 아니다.

주변에 대한 배려는 어느 정도 필요하다. 하지만 도가 지나치게 신경을 쓰고 분위기를 망치지 않으려고 자신의 존재를 죽이고 있지는 않은지 잘 생각해봐라.

당신은 왜 항상 주변 사람들의 발언에 보조를 맞추고 수동적인 자세로 참아야 하는가?

자칫하면 주변 사람에게 '분위기 조성'을 맡길 때에는 무책임한 기분이 작용한다.

남에게 책임을 전가하고 자신은 위험을 무릅쓰지 않으려는 약삭빠른 삶의 방식이다.

주변에 대한 배려는 '단순한 사양, 조심스러움'을 넘어서 '무책임한 백지 위임'이다. 이래서는 너무나도 한심하지 않은가?

언제, 어디서든 항상 분위기를 조성하는 사람은 '자기 자신'이었으면 좋겠다. 이는 리더십이라고 바꿔 말해도 좋을 것이다. 스스로 솔선해서 분위기를 조성하는 인물에게 사람은 매력을 느낀다. 고객도 끌릴 것이다.

당신은 자기 자신을 공기처럼 존재감이 없는 사람으로 만들어서 어쩔 셈인가? 영업사원은 아무래도 눈에 띄는 것이 좋다.

따라서 주변 사람을 과도하게 배려할 필요도 없고 분위기를 읽을 필요도 없다.

자신이 '즐겁다'고 느낄 수 있는 분위기를 조성해라.

칙칙한 분위기, 꽉 막힌 분위기, 숨 쉬기 힘든 분위기 속에서 지낸다면 당신의 영업사원 인생은 '질식사'로 치달을 뿐이다.

이제부터는 절대로 '분위기'를 읽지 마라. 다시 말해서 '좋은 의미에서 분위기 파악을 못하는 사람'으로 있어도 괜찮다.

자기중심적인 즐거운 분위기를 좀 더 소중히 여겨라.

'자신이 세계의 중심에 살고 있다'는 생각이 강하면 주변 사람들을 조심스러워하며 불필요한 겸손을 떨 필요가 있을까?

좋은 의미에서 분위기 파악을 못하는 사람만이 행복한 영업사원의 영역까지 올라설 수 있다.

'자, 세계의 중심에서 "I"를 외쳐라!'

36 잘못된 '높임말'은 쓰지 마라

'요즘 젊은 사람들은 높임말을 제대로 구사하지 못한다'며 이러쿵저러쿵 설교를 늘어놓을 생각은 추호도 없다. 다만 높임말을 올바르게 구사하는 젊은 비즈니스맨을 목격한 적이 별로 없고, 높임말과 겸양어를 잘못 사용하거나 높임말이 이중으로 겹친 이상한 문법을 구사하는 영업사원이 적지 않다.

'골프를 치시겠습니까?'라고 물어야 할 때에 '야루(やる)'라는 동사를 잘못 선택해서 요상한 높임말을 쓰고 만다. 원래는 '~한다'에 해당하는 '스루(する)'라는 동사를 선택해야 하는데 '야루(やる)'라는 다소 어감이 난잡한 동사를 높임말로 잘못 생각하고 있는 것이다.

이뿐만이 아니다. '드시겠습니까?'라고 물어야 할 때에 이미 '메시아가루(召しあがる)'라는 동사 자체에 존경의 의미가 포함되어 있는데, 그 앞에 '오(お)'를 붙여서 높임말을 이중으로 구사하기도 한다. 알고도 그러는 건지 몰라서 그러는 건지 알 수 없으나 조금의 망설임도 없이 내뱉는다.

'어느 쪽으로 하시겠습니까?'라고 물어야 할 때도 '이타스(いたす)'라는 동사를 선택해서 고객을 낮추는 겸양 표현을 쓰는데, 이는 큰 실례다. 높임말인 '나사루(なさる)'라는 동사를 선택하는 것이 올바르다.

이처럼 잘못된 예는 너무나도 많은데 젊은 사람들을 꾸짖는다고 해서 조속한 개신이 가능할까? 다소 무리일 것이다. 하지만 우리들 영업사원의 경우는 다르다. 고객에게 '상식이 없다', '교양이 없다', '경험이 없다'는 인상을 주면 큰 타격을 입게 된다. 그러니 처음부터 무리해서 높임말을 사용하려고 애쓰지 않는 것이 좋다.

고객에게 '예사말'을 쓸 수는 없으니 최소한의 높임말, 즉 '합니다', '하겠습니다' 정도만 구사해도 별 문제없다. 애초에 자신을 너무 낮추는, 도가 지나친 높임말은 서먹한 분위기를 조성할 뿐만 아니라, 고객을 불편하게 하고 불쾌감마저 줄 수 있다.

그리고 무엇보다 고객과의 거리를 멀게 만든다.

'하시겠습니까?', '드시겠습니까?', '어느 쪽으로 하시겠습니까?'라고 친숙하게 말을 걸면 된다. 아니면 어미를 '하실래요?', '드실래요?'라고 바꿔도 좋다.

이렇게 하는 편이 신뢰를 깰 위험도 적고 자연스럽게 응대할 수 있다.

높임말은 존경의 의미를 갖지만 듣기 거북하지 않아야 한다. 이제부터 도를 지나친 높임말은 잠시 봉인해두자. 어깨의 힘을 빼고 편안한 마음으로 고객과의 대화를 즐겨보자.

37

잘 보이려고 애쓰지 마라
약점을 드러내라

석가모니, 간디 등 역사상 위대한 현인은 차치하더라도 현세에 완벽한 사람은 존재하지 않는다고 말해도 좋을 것이다. 만일 주변에 완벽한 사람만 보인다면 그것은 당신의 콤플렉스가 초래한 착각이자 오해다.

이제는 완벽한 사람인 척 꾸미는 것은 그만두기로 하자. 왜냐하면 당신이 완벽주의에 흠뻑 빠져서 완벽함을 추구하면 할수록 고객과의 거리는 그만큼 멀어질 것이기 때문이다.

허세를 떨며 잘하려고 안간힘을 쓸수록 당신의 삶은 피폐해질 것이다. 언젠가 들통이 나고 고객은 그런 당신을 간파할 것이다. 어차피 영원히 속이는 것은 불가능한 일이다.

'잘 보이려고 애쓰는 세계'에서 벗어나지 못하는 영업사원은 조롱의 대상일 뿐이다. 빈틈없이 깔끔하게 꾸민 당신에게 고객은 마음의 문을 열지 않는다.

고객과 친밀한 관계를 갖고 싶다면 오히려 허술한 점을 보이고 스스로 약점을 드러내서 자신을 응원해 줄 팬을 늘려 나가야 한다.

때로는 창피한 실패담을 우스갯소리로 꺼내도 좋다. 인간적으로 보이니까. 고객에게 잘 모르는 정보나 취약한 분야에 대해서 묻고 의지하는 것도 좋다. 고객 앞에서 억울함의 눈물이나 감동의 눈물을 흘리는 것도 나쁘지 않다.

영업사원이기 이전에 뜨거운 피가 흐르는 인간이다. 질척거리는 모습을 보이는 것도 좋다.

인간은 알기 쉬운 순박한 사람이 좋지 뒤가 구리거나 꿍꿍이가 있는 사람에게 절대로 마음의 문을 열지 않는다.

나도 50년 이상을 살아왔지만 역시 허점투성이다. '안티 하야카와'도 셀 수 없이 많지만 감사하게도 내 편을 들어주는 팬도 많다.

애초에 이 세상 모든 사람에게 지지와 응원을 받겠다는 생각은 하지 않았다.

100% 미움을 사지 않는 완벽한 영업사원을 목표로 삼았다면 나를 응원해 주는 팬은 아무도 없었을 것이다.

미움 받지 않으려고 안간힘을 쓰며 살았다면 물론 미움은 사지 않았을지 몰라도 결국 누구에게도 사랑을 받지 못하는 사람이 되었을 것이다.

남의 시선을 개의치 않고 열린 마음의 자세로 자신의 약점을 서슴없이 드러내는 거짓 없는 영업사원을 고객은 좋아한다.

38

제멋대로 다음 단계로 '밀어붙여라'

자신을 죽이고 '네, 네' 하며 고객에게 맞추거나 고객의 말은 뭐든지 다 들어주는 마치 노예처럼 행동하는 영업사원이 적지 않다. 그런데 '고객에게 사랑을 받고 싶다'는 생각을 과감히 버려야 진정한 의미에서 고객의 사랑을 받을 수 있다.

가령 고객이 부당한 요구나 이치에 어긋난 행동을 했어도 '흔히 있는 일'이라며 자연스럽게 받아넘기면서도 세일즈의 다음 단계로 밀어붙일 수 있는 자세야말로 큰 성과를 낳는다. 물론 영업사원으로서의 긍지를 갖고 자기 생각대로 주장을 펼치다 보면 때로는 고객에게 강한 반발을 사는 일도 생긴다.

하지만 이런 반발과 저항을 받아들일 수 있느냐 없느냐가 영업사원으로서의 진가를 보여주는 시금석이 된다.

고객과 어긋난 부분을 관대한 마음으로 초연하게 받아들이고 '오해의 조각'을 하나씩 꿰맞춰 나가는 것이 톱 세일즈맨의 참다운 모습이 아닐까?

자신을 죽인 채 참지만 말고 자신에게 정직한 언행을 실천하며 좋은 사람인 척 꾸미려고 애쓰지 않을 때에 비로소 고객에게 진정한 사랑을 받을 수 있다. 즉 자신에게 떳떳하고 내적인 갈등과 모순이 전혀 없는 상태가 될 수 있다.

고객은 이런 균형 잡힌 상태의 영업사원을 좋아한다.

또한 고객은 '알기 쉬운 영업사원'을 좋아한다. 고객에게 사랑받는 영업사원과 그렇지 못한 영업사원의 근본적인 차이는 바로 자기 자신에게 정직한가, 자신에게 떳떳한가에 있다.

이제부터는 '좋은 사람인 척' 연기하는 것은 그만두자. 자기 내면의 '좋은 사람'을 버리고 내쫓아 버리자. 상대방에게 인정받으려고 애쓰지 말고 정직하게 있는 그대로의 자연스러운 모습으로 자신의 생각을 전달하자.

이렇게 했는데, 만일 미움을 산다면 '어쩔 수 없다'는 태도로 고객을 대하자.

내일부터 당신은 상대방에게 인정받으려고 안간힘을 쓰지 않음으로써 오히려 더 많은 사람들에게 인정을 받게 될 것이다.

그러니 '자기 뜻대로', '제멋대로' 행동해도 괜찮다. 좀 더 자연스럽고 솔직하게 '어른스러운 제멋대로의 모습'으로 밀고 나가자.

성공하려면 남에게 미움을 사고 싶지 않다는 소극적인 자세보다 미움을 사도 괜찮다는 적극인 자세로 '한 발 더 앞으로' 밀어붙여야 한다.

39 '팔아주겠다면 된다'는 식, 비굴한 아첨은 그만둬라

만일 환자에게 머리를 조아리며 마치 '영업사원 같이' 행동하는 의사'가 있다면 당신은 그 의사에게 진찰을 받고 싶은가?

생글생글 웃으면서 낭랑한 목소리로 '감사합니다!', '잘 부탁드립니다!'라며 저자세로 검사를 권유하거나 처방전을 주는 의사는 솔직히 신용하기 어렵다.

저자세로 머리를 조아리며 굽실거리는 의사에게 진찰을 받고 싶은 환자가 없는 것처럼 아첨을 떠는 영업사원에게 상품을 구매하고 싶은 고객도 없다.

정작 머리를 숙이고 인사를 해야 하는 사람은 환자=고객이다. 의사는 '조심하세요', '얼른 나으세요'라는 말 한마디면 된다.

의사가 '환자를 고치는 것'이 '목적=업무'인 것처럼 우리들 영업사원은 '고객에게 판매하는 것'이 '목적=업무'다.

원래 의사는 병이나 부상으로 고통 받는 환자를 구하기 위해서 '당신을 위해서 고친다'는 사명감을 갖고 일한다. 그야말로 '낫게 해 주겠다'이다.

영업사원의 사명감도 이와 마찬가지로 '팔아주겠다면 된다'는 식, '당신을 위해서 팔아주겠다'면 족하다. '사줬으면 좋겠다'는 태도는 불신을 낳지만 '팔아주겠다'는 태도는 신용을 높인다. 오늘부터 당신도 '사줬으면 좋겠다'는 식의 굽실거리는 영업 스타일에서 벗어나 '팔아주겠다'는 당당한 미션을 관철해 보길 바란다.

그렇다고 잘난 체하며 위에서 아래를 내려다보는 듯한 거만한 태도로 고객을 대하라는 뜻은 아니다.

물론 세심한 배려와 최소한의 매너가 필요한 것은 두말할 필요도 없을 것이다.

고객에게 머리를 조아리며 비굴하게 아첨을 떨지 않아도 된다는 것이다.

돈을 주는 '고객을 상대하는 장사'지만 아첨을 떨기보다 오히려 의사처럼 '쾌차하라'며 당당한 태도로 응대하는 편이 신용을 얻는다. 좋은 의미에서의 고압적인 태도가 고객에게 '믿음직한 사람'이라는 안심을 심어줄 수 있다.

원래 영업사원이 '파는 것'은 무엇인가?

바로 쾌적함을 팔고 만족감을 팔고 문제 해결책을 팔고 편리함을 팔고 안정감을 팔고 행복을 파는 등 '인생의 꿈'을 파는 것이 아닌가?

'아첨을 떨며 굽실거릴 필요'가 전혀 없다.

40 '잘나가는 영업사원' 처럼 연기하라

'당신에게 앞으로 쭉 영업 담당을 맡기고 싶다'는 고객의 말을 들었을 때는 영업사원으로서 황송하기 그지없는, 그간의 모든 고생이 단숨에 날아가는 최고로 행복한 순간일 것이다.

고객은 마음에 드는 영업사원이 퇴직하는 일 없이 계약 후에도 지속적으로 책임을 지고 관리해 주길 바란다. 또한 가족처럼 진심 어린 상담해 주길 기대한다. 고객은 상품을 구매한 순간부터 약자의 입장이기에 그때부터 기댈 곳은 오로지 영업사원뿐이다.

한편 고객은 상품만 팔고 뒤도 안돌아보고 떠나는 손바닥을 너무나도 쉽게 뒤집는 영업사원을 두려워한다. 왜냐하면 과거에 상품만 팔아치우고 사라지는 '배신'을 여러 번 당했기 때문이다.

그래서 고객은 구매를 검토하는 최종 단계에서 '영업 담당자가 바로 그만둘 사람인지, 아니면 그만두지 않고 오랫동안 일할 사람인지'를 판단 재료로 삼는다. 이를 매우 중요하게 생각한다.

그렇다면 고객이 바라본 '관두지 않을 영업사원'은 어떤 모습일까? 바로 '잘나가는 영업사원'이다. 잘나가는 영업사원은 그만두지 않을 것이라고 생각한다. 금세 일을 관두는 사람은 '잘나가지 못하기 때문'이라고 직감적으로 아는 것이다.

실제로도 그렇다. 잘나가지 못하니깐 일을 관두고 떠나버린다.

반면에 '잘나가는 영업사원'은 점점 더 '상품을 잘 판매'한다.

'잘나가니까 잘 판다'는 단순 명쾌한 '진리'다.

그렇다면 잘나가지 못하는 영업사원이 잘나가는 영업사원이 될 수 있을까?

물론 해결책이 있다. 고객에게 '잘나가는 영업사원'처럼 행동하면 된다. 잘나가는 것처럼 '연출'할 수 있지 않은가? 잘나가는 영업사원처럼 연기하면 언젠가 진짜로 '잘나가는 영업사원'이 될 수 있다.

그렇다면 구체적으로 어떤 마음가짐으로 임해야 할까?

그 비결을 알려주겠다. 다음의 세 가지를 맹세하자.

'나는 죽을 때까지 이 일을 계속한다', '나는 고객을 끝까지 지킨다', '나는 평생 영업을 즐긴다'라고. 이런 확신이야말로 고객을 매료시키고 끌어당긴다.

'언젠가 그만둘 것이다'는 생각으로 일하는 영업사원과 '절대로 관두지 않겠다'는 생각으로 일을 즐기는 영업사원. 어느 쪽이 고객의 선택을 받을지는 굳이 말하지 않아도 누구나 다 아는 명백한 진리일 것이다.

41

할 수 없는 일은
딱 잘라 '못한다'고 말하라

'어떤 일을 경솔하게, 너무 쉽게 떠맡는 것'도 소심한 영업사원의 특징 중 하나다.

일단 고객은 왕이고 고객의 요구는 절대적이기에 뭐든지 다 떠맡겠다는 것인데, 결국 이런 행동은 본인이 본인의 목을 조르는 결과를 초래한다.

못하는 일, 불가능한 일이라는 것을 알면서도 그 자리를 어떡하든 모면하려고 대충 둘러댔다가는 결국 '약속을 지키지 못하는 영업사원', '신뢰할 수 없는 무능한 영업사원'이라는 낙인만 찍힐 뿐이다.

설령 힘들게 무리하면 고객의 요구는 들어줄 수 있다고 쳐도 주변 사람들을 끌어들여서 상당한 시간과 노력을 투자했으나 수익이 나지 않는 상황이 벌어질 수도 있다.

설상가상으로 이런 내막을 알 리 없는 고객은 '일 처리가 느리다', '예산이 높은 편이다'는 불평과 불만을 늘어놓을 수도 있다. 어떡하든 고객의 요구를 들어주려고 최대한 노력했지만 수지가 맞지 않는 것이다.

이렇게 비효율적이면서 채산성이 맞지 않는 것을 알면서도 성격이 좋은 당신은 고객의 요구를 거절하지 못한다. 문제는 여기에 있다. 당신은 '고객 제일주의', '고객 중심'을 오해하고 있다. 할 수 없는 일은 딱 잘라서 '못한다'고 말할 수 있는 '배짱이 두둑한 영업사원'이야말로 진정한 의미에서 고객과의 관계를 소중히 여기는 사람이다.

<u>결코 고객은 왕이 아니다. 당신도 신이 아니다.</u> 서로 불완전한 인간이다. 다시 말해서 대등한 관계다.

만일 '경솔하게 혹은 너무 쉽게 떠맡는 일'이 잦아지고 이것이 가속화되면 고객에게 거절하지 못하는 당신의 연약한 마음은 컴플라이언스 위반이라는 문제를 일으킬 가능성도 있다.

즉 '이 정도는 괜찮겠지?' 하는 악마의 속삭임을 '아… 꽤, 괜찮을 거야' 하는 부적절한 대응으로 얼버무리고 마는 것이다. 더러운 악마는 '인간의 나약한 마음'에 손을 뻗고 들러붙는다. 악마는 '나약함', '연약함'을 제일 좋아한다. 그런 냄새를 너무나도 잘 맡는다.

부디 조심하길 바란다. 당신에게 악의가 없다는 것은 잘 안다. 하지만 안이한 선택(부정)을 저지를 위험성은 늘 당신의 등 뒤에, 바로 옆에 도사리고 있음을 자각해야 한다.

일단 거절하는 연습부터 시작해 보는 것이 어떻겠는가?

당신을 지켜줄 수 있는 것은 '못한다'는 말 한 마디밖에 없다.

42

고객에게 사랑을 받을 때까지 '사랑하라'

사랑하면 사랑을 받는다. 미워하면 미움을 받는다.

이는 인간관계의 섭리다. '사랑받고 싶다', '더 큰 사랑을 받고 싶다'며 늘 사랑을 갈구하는 사람은 결국 누구에게도 사랑받을 수 없다.

이와 마찬가지로 '되돌아봐 주면 좋겠다', '계약이 성사되면 좋겠다', '응원해 주면 좋겠다' 등 고객이 지지(back up)하고 응원해 주길 기대해 봤자 당신이 바라는 결과는 얻을 수 없다.

그래서 당신은 더욱 더 초조해지는 것이다. 불안하고 초조하기에 더 강하게 구애하기 시작한다.

하지만 고객은 당신의 뜻대로 움직이지 않는다.

만일 마법사처럼 고객을 자유자재로 조종하고 싶다면 당신을 맹목적으로 '사랑'하게 만드는 방법밖에는 없다.

'극성팬=고객'이 늘어날수록 당신의 영업사원 인생은 절정에 이르게 될 것이다. 당신과 고객 사이에 '당신이 추천하는 것이면 뭐든지 사겠다'는 관계가 형성되기 때문이다. 이렇게 되면 웃음이 끊이지 않는다. 가끔 이렇게 순조롭게 일하는 영업사원을 보고 부러워한 적이 있을 것이다. 이런 영업사원이 대단한 이유는 지식이 많거나 스킬이 좋기 때문이 아니다. 그것만으로는 오랫동안 순풍을 타면서 편하게 항해하는 영업사원의 인생을 누릴 수 없다.

그들이 고객에게 사랑받는 이유는 '사랑하는 힘' 덕분이다. 고객을 사랑하는 능력이다.

먼저 '사랑'을 해야 상대방이 사랑을 준다. 따라서 고객에게 사랑받을 때까지 '사랑해야' 한다. 그 수밖에는 달리 방법이 없다.

인간은 '사랑하는 힘'을 가지고 태어난다. 당신도 본래 사랑하는 능력을 겸비하고 있을 터이다. 그것을 충분히 발휘하지 못하고 있을 뿐이다.

그렇다면 어떻게 하면 사랑할 수 있을까? 누구라도 가능한 초급 레벨을 알려주겠다.

상대방에게 천연덕스럽게 고백하면 된다. 사람은 누구나 호감이 가는 부분이 하나 정도는 있다. '○○씨의 이런 부분이 참 좋다'고 말해보자. 그러면 지금껏 별로 의식하지 않았던 상대방도 '아, 내가 이 사람을 좋아하는 구나'라고 느끼게 된다. 신기하지만 실제로 그렇다.

부끄러워 말고 상대방에게 '사랑한다'고 말해보자.

그러면 당신 자신이 실제로 '사랑이 넘치는 사람'이었다는 것을 깨닫게 될 것이다.

43

때로는 실적에서 벗어나 '감사의 목소리'를 수집하라

내가 지사장으로 ○○지사의 조직 개혁을 맡았을 때의 일이다. 제일 먼저 손을 댄 부분은 '팔지 않아도 된다'라는 방침이었다. '잠시 동안 영업 실적을 올린다는 생각을 접어두라'고 말했을 때에 다들 눈이 휘둥그레져서는 깜짝 놀랐다.

특히 전임자였던 지사장이 '오로지 실적이다! 실적!', '판매다! 판매!'라며 권력형 괴롭힘과 맞먹을 정도로 으름장을 놓는 타입이었기에 가히 충격이었던 모양이다.

내가 제시했던 '팔지마'라는 방침에 대한 소문을 들은 본부 임원은 '그런 무모한 방침을 내세워도 괜찮으시겠습니까?'라며 다급한 목소리로 전화를 걸어왔다.

원래부터 실적이 부진한 지사가 아닌가? 물론 '도박'과도 같은 시도이기는 했다. 솔직히 말해서 실적 올리기에 시큰둥하며 목표를 좇지 않는 점점 더 나약한 영업사원을 양산하게 될지도 모른다는 불안도 있었다.

하지만 나는 주저하지 않았다. '어떻게 하면 고객에게 감사의 인사를 받을 수 있는지'에 대해서만 생각하고 행동하라고 지시했다. 실적이 아니라 고객에게 얼마나 더 많은 '고맙다'라는 인사를 받을 수 있을지를 경쟁하도록 유도했다. 매일 아침 회의에서 발표하는 시간을 갖고 다함께 서로의 이야기를 공유했다. 영업회의를 폐지하는 대신에 시작한 '감사 워크숍'은 점차 활기를 띄기 시작했다.

이런 극단적인 인식이 뿌리를 내리는 데에 성공을 거두자, 드디어 '감사의 인사를 수집하는 영업'은 지사의 새로운 문화로 자리를 잡았다.

그리고 실제로 '결과'가 나오기 시작했다. 마치 먹구름이 잔뜩 끼어 있던 하늘이 맑게 개이면서 푸른 하늘이 찬란한 모습을 드러내는 것처럼 지사 내의 환경이 180도 바뀌었다. '팔지마'라는 의식 개혁이 성공을 거둔 것이다.

그런데 실제로 '개혁'이라고 해서 지사 영업사원들이 크게 변한 것은 아니다. 소중한 것에 눈을 떴을 뿐이다. 우수한 영업사원이 되기 위한 조건은 '선의'의 마음으로 최선을 다해서 고객을 대하는 것이다. 이 것이야말로 가장 '소중한 영업 도구'라는 사실을 깨닫게 된 것이다.

만일 이 일화가 당신에게는 보기 좋게 포장된 경험담처럼 들린다면 앞으로 평생 '수렵형 영업 스타일'을 개선할 수 없을 것이다.

언젠가 잡아놓은 먹잇감의 유통기한은 끝날 것이고 굶주리는 시기가 찾아올 것이다. 그때 오직 '감사의 목소리'만이 당신을 구할 수 있다는 사실을 떠올릴 수 있길 바란다.

44 고객을 먼저 '이기게 하라'

내가 외국계 생명보험사에서 근무했을 때에 'SAP'라는 영업 실적 지표가 있었다.

'수정 연환산 보험료(Sujeong Annualized Premium)'의 약어로 능률급을 계산하기 위한 수치다. 콘테스트 수상이나 승격 검증 등도 모두 이 'SAP'가 기준이었다.

결과만이 모든 것을 말해 주는 세계다. 영업사원들 대부분이 '보험료(Premium)'를 얼마나 획득할 수 있는지에 혈안이었지만 나는 당시에 'SAP'를 '행복을 주는 포인트'라고 생각했다.

단순히 매출을 기록하는 숫자가 아니라 '고객에게 얼마만큼의 행복을 줄 수 있는지'를 나타내는 수치라고 해석했던 것이다. 즉 나에게 '필승'의 의미는 '반드시 이긴다'가 아니라 '반드시 이기게 한다'였다.

이 신념은 나에게 최고이자 최대의 동기 부여를 가져다줬다. 'SAP'가 내 인생에도 '행복 포인트'를 가져다 준 것은 말할 것도 없다.

'입신양명을 하고 싶다'는 탐욕스러운 야심이나 '높은 수입을 받고 싶다'는 금전주의적인 욕심을 위해서 영업을 아무리 열심히 해도 어차피 얻을 수 있는 결과는 일시적이다. 눈앞의 경쟁과 보수만이 목적이라면 본인의 마음만 애달프고 언젠가 지쳐서 나가떨어지고 결국은 한계에 부딪히고 말 것이다.

물론 영업 목표를 달성하기 위해서 끈기와 의지로 열심히 일하는 것은 나쁘지 않다. 그런 자세를 부인할 생각은 눈곱만큼도 없다. 하지만 목적이 오로지 자신을 위한 것이라면 그런 영업사원을 고객이 신뢰할까?

고객을 기대 이상으로 세심하게 배려하고 항상 어디에 있든 먼저 베풀고 이길 수 있도록 도와야 한다. 영업사원은 이런 삶을 택해야 한다. 그렇게 하면 나중에 배가 되어 본인에게 반드시 돌아온다.

그렇다고 지금 당장의 보상을 기대해서는 안 된다. 진심어린 지원 (support)은 보상을 기대하지 않는다. 고객의 보답이 언제 자신에게 돌아올지 모르지만 일단 계속해서 베풀어야 한다.

설령 상대방에게 직접적인 보상을 받지 못해도 그것이 돌고 돌아서 다른 사람에게 은혜를 입을 수도 있다. 시간이 흘러서 기억에서 어렴풋해졌을 즈음 되돌아오는 경우도 있다. 누군가에게 선의를 베푼 당신에 대한 보상은 늦게라도 언젠가 돌아온다.

'언젠가 돌아온다'고 믿고 끊임없이 베풀라. 이를 굳게 믿고 실행에 옮긴 사람만이 진정한 'SAP'를 얻을 수 있다.

45 두 단계 앞의 세일즈 프로세스를 '상상'하라

'어찌어찌하다 보면 나쁜 생각이 들어서 불안하다'는 부정적인 사고에 휩싸여 고민만 하다가 실적 부진의 늪에서 헤어 나오지 못하는 영업사원이 적지 않다.

이들은 '바람직한 접근'을 마음속의 스크린에 그리는 데에 서툴다.

'자신에게 유리하게 긍정의 상상을 펼치는 것은 자기 마음이다. 자유롭게 상상하라'고 아무리 충고해도 이들은 부정적인 이미지의 지옥에서 좀처럼 탈출하지 못한다.

이들을 위해서 비장의 무기인 '플라잉 이미지네이션(flying imagination)'이라는 방법을 공개하겠다.

예를 들어 정보 제공과 욕구 환기를 위한 첫 번째 단계에서는 두 번째 단계에서 청취에 성공하는 장면을, 두 번째 단계에서는 세 번째 단계인 프레젠테이션과 계약에 성공하는 장면을 상상하는 것이다. 미리 앞 단계를 당겨서 상상하는 것이다.

이렇게 성공하고 싶은 목표를 한 단계든 두 단계든, 아니 세 단계든 미리 이미지화할 수 있다면 모든 프로세스가 술술 풀려나갈 것이다. 성공하는 것이 으레 당연할 정도로 자신에게 유리한 이미지를 그리면 된다. 고객은 당신의 '당연하다는 상상력'에 빨려 들어갈 것이다.

사람은 무의식중에 스트레스에서 도망치려는 습성이 있다. 영업사원이 의심의 여지없이 굳게 믿는 것을 고객이라고 해서 거부하는 행동은 엄청난 스트레스가 된다. 그래서 그런 스트레스를 회피하려는 것이다.

즉 차라리 받아들이는 편이 낫다고 생각하는 것이다.

이렇게 자기중심으로 생각할 수 있는 사람은 계속 팔 수 있다. '자기에게 유리한 이미지'를 통해서 머릿속에서 한 번은 목표를 달성했기에 그런 '경험'이 현실 세계에서 네비게이터로 큰 도움을 준다.

머릿속에서 예행연습을 한 '결과'가 현실 세계에서 다시 한 번 달성되는 것이다.

요컨대 우승 테이프를 끊는 성취감을 두 번 맛보는 것이다. 이렇게 되면 처음에 '자기에게 유리한 이미지화'란 성취감이 얼마만큼 현실성을 띨 수 있느냐가 성공의 열쇠다.

가상 세계에서 현실 세계로 넘어가는 '가상현실의 영역(virtual reality zone)'을 밟고 설 수 있을 때까지 상상에 상상을 거듭하라.

부디 당신도 '플라잉 이미지네이션의 달인'이 되길 바란다.

상상력은 모든 것을 능가한다.

46 '감동 극장'의 막을 올려라

당신의 '순박함'과 '인간미'를 십이분 발휘하라. 목표는 감동의 도가니 즉 '감동 세일즈'다. 앞에서 여러 번 언급했듯이 당신이 파는 것은 '상품'이 아니다. '담당자인 자기 자신'이 잘 팔리고 '인생의 가치'가 잘 팔리면 그다음에는 그렇다, '감동'을 팔아야 한다.

감동의 눈물바다를 방불케 하는 상담(商談)의 장이 펼쳐지면 성공한 것이나 다름없다. 그러기 위해서는 '공감'은 물론 '생각을 전달할 수 있는' 자세가 중요하다.

첫 번째 조건으로 고객이 눈물을 흘렸다면 따라서 우는 '공감력'이 필요하다. 고객보다 먼저 눈물을 흘려도 좋다. 아니, 오히려 그래야 한다. 이와 동시에 당신의 '개인적인 이야기'를 시작한다. 출생의 비밀이나 자라온 환경, 어렸을 적의 추억, 사춘기 시절에 겪었던 부모와의 갈등, 조부모가 사망했을 때의 상실감, 첫째를 낳았을 때의 감격 그리고 배우자에 대한 깊은 애정 등.

고객에 대한 배려와 생각 그리고 당신 가족에 대한 사랑까지 마구 털어놓아라. 이렇게 진한 감정을 담은 자기개시를 하면 '감동 극장'의 막을 올릴 수 있다.

단, 막을 올린 단계에서 곧바로 상품을 권유해서는 안 된다. 바로 퇴

장감이다. 프레젠테이션의 마무리는 '감동 극장'이 절정에 이르렀을 때부터 하는 것이 좋다.

강제로 상품을 팔려고 하지 말고 서로의 인생을 공감하고 가족애에 대해서 이야기를 나누면서 고객의 입에서 '이렇게 울어 보기는 처음이에요'라는 말이 나올 때까지 철저하게 '감동'을 팔라.

상품 설명밖에 못하는 영업사원은 몰입도가 부족한 것이다. 무대 위의 배역에 몰입하지 못하는 서툰 배우와 같다고 할까? 단, 배우라고 해서 절대로 거짓을 연기해서는 안 된다. 마음속 깊은 곳에서 우러나오는 진심을 전달해야 한다.

계약 단계에 이르렀어도 이는 하나의 작은 목표이지 최종 목표에 도달한 것이 아니다. 단순한 통과점에 불과하고 새로운 출발 지점에 섰을 뿐이다. 영업 담당자의 역할은 아직 조금밖에 이루지 못했다. 어떤 생각으로 앞으로 계속해서 고객과 좋은 관계를 맺어나갈 것인지, '그 생각'을 제일 먼저 전달할 필요가 있다.

마음을 울리는 진한 감동을 전달하는 영업사원이야말로 고객에게 꾸준한 선택을 받을 수 있다. 논리로 고객을 자극할 것이 아니라 심리로 자극해 보지 않겠는가?

47 고객의 '이웃' 으로
판로를 넓혀라

신규 잠재 고객을 배로 늘리는 최고의 '비책'이자 간단한 방법을 소개하겠다.

일반적으로 영업 방문처라고 하면 개인 고객의 경우는 집이나 근무하는 회사일 것이고, 법인 고객인 경우에는 사무실일 것이다.

당신은 처음 약속을 잡았을 때도 헤매는 일 없이 방문처의 위치를 정확하게 파악하고 약속 시간에 정확히 도착할 것이다.

그런데 때로는 길이 복잡하고 혼잡하거나 지리에 밝지 않은 곳이라면 방향 감각을 잃을 수도 있다.

이럴 때에 당신은 어떻게 하는가? 근처 상점이나 그 지역 주민에게 길을 묻지 않는가?

바로 이것이다.

신규 세일즈의 비책은 다름 아닌 방문처의 위치를 확실하게 파악하지 않고 애매모호한 채로 일부러 근처 상점에 들어가서 '혹시 ○○씨의 댁이 어디인지 아세요?', '죄송하지만 ○○회사가 어디인지 아세요?'라고 물어보는 것이다.

근처라면 대답해 줄 확률이 높다. 설령 대답해 주지 않더라도 상관없다.

진짜 목적은 따로 있기 때문이다. 영업 방문처에서 일을 마치고 돌아가는 길에 다시 그 상점에 들를 구실을 만들기 위해서다.

"조금 전에는 감사했습니다. 덕분에 ○○씨 댁을 잘 찾아갔습니다. 약속 시간에 늦지도 않았고요."

"방금 전에는 감사했습니다. 금새 ○○회사를 찾았어요. 정말로 감사드립니다."

이렇게 머리를 숙이며 감사의 인사를 전하고 명함을 내밀면서 '저는 이런 사람입니다'라고 고객에게 접근하는 계기를 만드는 것이다.

이때는 일단 인사를 건네는 정도에서 끝내는 것이 좋다.

당신은 앞으로도 영업 방문처에 들릴 기회가 여러 번 있지 않은가? 보통 두세 번 정도 세일즈 프로세스를 진행할 것이 아닌가? 혹은 보전 활동이나 사후 서비스와 관련해서 방문할 일도 생길 것이다.

이렇듯 기회는 또 다시 당신에게 날아들 것이다.

근처 상점이나 이웃에게 길을 묻는 행동을 습관화하면 신규 개척 시장은 점점 더 커질 것이다. 지금 당장 실행에 옮기지 않을 이유가 없지 않은가?

48 떳떳하게 '땡땡이' 쳐라

'좀 더 영업 실적을 올리고 싶다'면 정정당당하게 땡땡이치라고 권하고 싶다. 일벌레라도 일만 계속하다 보면 언젠가 한계에 부딪히기 마련이다.

적절한 타이밍에 스트레스를 푸는 것이 좋은 실적을 유지하기 위해서 얼마나 중요한지 아는가? 우수한 영업사원일수록 이를 본능적으로 이해하고 실행에 옮긴다. 이들은 땡땡이치는 것에 죄책감을 느끼지 않는다. 양심의 가책 없이 떳떳하게 놀고 떳떳하게 땡땡이를 친다.

그래서 일할 때는 누구보다 열심히 일한다. 집중해서 일한다.

그런데 어중간한 영업사원은 일단 땡땡이를 치는 습관이 생기면 그때부터 끝이다. 나태해져서 땡땡이만 치려고 한다. 그런 나약한 자신의 모습을 인정하고 고치려 하지 않는다. 일을 하고 있는 건지, 안 하고 있는 건지 구별하기가 애매하다.

서로의 상처를 보듬어 주는 술자리에서의 교류를 '회의'라고 말하고, 윈도우 쇼핑을 '마케팅'이라고 부르며, 꽤 오랜 시간 꾸벅꾸벅 조는 것을 '건강관리'라고 칭한다. 또한 카페에서 만화를 보는 것을 '학습 시간'이라고 말하고, 스마트폰으로 게임을 하는 것을 '트레이닝'이라고 부르며, 숙취로 인한 체력 저하로 휴가를 내는 것을 '충전'이라고 칭한다. 이렇게 자신의 모든 행동을 교묘하게 정당화한다.

이는 변명의 여지가 없는 자신을 속이는 '사기 행각'이다. 당장 '자신이 지금 이 시간에 딴 짓을 하고 있다는 사실'을 자각해야 한다. 그렇지 않으면 만회하기 어렵다.

일하는 도중에 떠나는 현실 도피는 이제 그만두자. '다음 휴일에는 어디로 놀러갈까? 아, 맞다! 주말에 ○○랑 술이나 한 잔 할까? 그러고 보니 이번 여름휴가는 어디로 놀러 가면 좋을까?'라며 본래의 영업 목표에서 눈을 뗄 때가 아니다. 그런가 하면 기분 전환을 해야 할 휴식 타임에 '어떡하지? 실적이 오르지 않아. 분해 죽겠어! 경쟁자가 한 발 앞서 나갔단 말이야. 이래서는 상사에게서 불호령이 떨어지겠어!'라며 슬럼프에 대한 고민을 하는 것도 곤란하다. 당신의 머릿속은 휴식다운 휴식을 취하지 못한 채 쓸데없는 스트레스로 가득찰 것이다.

일하는 도중에는 휴식에 대한 생각을 잊고 휴식을 취할 때는 일에 대한 생각을 잊어야 한다. 떳떳하게 땡땡이치는 것이야말로 확실한 성과를 낳는다는 것을 명심하라.

온-오프의 균형을 절묘하게 잘 유지하는 영업사원은 어느 시대를 막론하고 실적 우수자의 자리를 영원토록 보전할 수 있다.

49 '계획은 적당' 하면 된다
일단 움직여라

'계획(plan)'이 없으면 아무 일도 시작할 수 없다. 계획과 목표가 중요한 것은 굳이 여기서 내가 논할 필요는 없을 것 같다.

하지만 계획이 중요하다고 해서 언제까지고 '이것도 아니야', '저것도 아니야'라며 탁상공론에 매달려 실행에 옮기지 못하는 사람이 있다. 한심하기 짝이 없는 행동이다.

우리는 영업의 세계에 살고 있다. 즉 일이 계획대로 진행되는 것이 오히려 드문 세계다.

애초에 고객이라는 상대가 있는 일이다. 머릿속의 계획대로 일이 진행된다면 처음부터 고생이란 없을 것이다.

그래서 오해를 무릎 쓰고 말하는데, 계획은 '적당'하면 된다.

일단 움직이고 또 움직여 봐서, 그 결과 계획대로 일이 잘 진행되지 않는다는 판단이 섰을 때에 '다시 계획을 세우고(Replan)' 대처해 나가면 된다. 계획을 다시 세우고, 다시 세우고, 다시 세운다는 자세로 임하는 편이 일이 잘 풀리기도 한다.

물론 완벽한 계획을 초지일관의 자세로 실행에 옮기는 것이 이상적이다. 계획 변경을 자주 하다 보면 길을 헤맬 수도 있다. 하지만 계획에 얽매여서 옴짝달싹 못하는 것을 더 경계해야 한다. 결국 영업사원은

'움직여야 사는 세계'에 있다.

어쩌면 당신은 이상적인 계획을 까마득히 먼 곳을 바라보고 세우지 않는가? 그래서 움직이지 못하는 것이 아닌가? 터무니없이 큰 목표를 세워서 앞으로 한 발짝도 내딛지 못하는 상황이라면 '실행에 옮기고 싶은 계획'으로 변경해야 한다.

사실 멀게 느껴지는 계획을 달성하고 난해한 문제를 해결하고 불가능해 보이는 실적 부진의 늪에서 탈출하기 위한 힌트는 '등잔 밑이 어둡다'는 속담처럼 당신 가까이에 있다.

당신 발밑을 봐라.

요즘은 '1년도 까마득한 옛날'이 되는 시대다. 최신 정보가 엄청난 속도로 흘러간다. 당신의 견해와 방법이 구닥다리는 아닌가? 시장 개척이 비효율적이지는 않은가? 다시 한 번 최신 데이터를 분석하고 정확하게 상황 파악을 해야 할 때일지도 모른다. 실적 부진이라며 한숨 쉬기 전에 주변의 자그마한 문제점을 찾아보길 바란다.

처음에는 '적당한 계획'이라서 넘어졌을지라도 그것을 '적확한 계획'으로 재구축해서 다시 한 번, 아니 두 번이고 세 번이고 일어서서 달리면 된다.

50 '엔터테인먼트'를 연출하는 개그 영업을 펼쳐라

나는 무엇보다 최우선으로 고객을 웃게 하려고 노력해왔다.

고객을 즐겁게 하는 서비스 정신으로 항상 분위기를 띄우는 엔터테이너의 역할을 자청했다.

그래서 고객은 나를 '재미가 있는 사람', '입담이 좋은 사람', '에너지가 넘치는 사람'이라고 평가한다. 이런 모습을 보고 의외라고 생각할 수 있는데, 사실 나는 어린 시절에 '소극적인 아이', '성실한 아이', '말수가 적은 아이'였다.

지금의 유머 감각과 탁월한 입담은 타고난 재능이 아니다. 사춘기 때부터 지금에 이르기까지 노력에 노력을 거듭하며 남을 웃기는 화술을 갈고 닦은 결과로 자기 개혁을 꾀한 것이다.

돌이켜보면 한 가지 분명한 사실이 있다. 내가 사람들을 웃기면 웃길수록 성공이 꼬리에 꼬리를 물고 찾아왔다. 고객을 즐겁게 만든 덕분에 나는 모든 영업 콘테스트에서 차례로 입상했고 엄청난 속도로 승급과 승진을 손에 넣을 수 있었다. 크게 웃으면서 인생의 계단을 올랐다.

남에게 웃음을 주는 행동은 내 팬을 보다 강력한 응원단으로 만들었다.

역시 영업이란 인기 장사다. 얼마나 많은 협력자가 자신을 지원을 해 주느냐가 성공의 열쇠다.

물론 서비스 정신이 고객을 웃기는 것만이 다는 아니다. 하지만 고객이 '즐거워하길' 바라는 '대접하는 정신' 없이는 이익을 얻을 수 없다.

그러니 당신도 평소에 '나만 즐거우면 된다'는 생각을 버리고 항상 '남을 얼마나 즐겁게 해줄 것인지'에 신경을 써보자.

만일 남을 웃기는 재주가 없다면 일단 본인이 먼저 웃어보자.

그러면 눈앞의 고객은 웃는 당신을 따라서 웃기 시작할 것이다. 웃음은 전염된다고 하지 않는가?

사람을 대할 때는 '지금 나는 웃고 있는가?'를 항상 의식한다. 무리를 해서라도 웃는 얼굴을 보이면 주변으로 웃음꽃이 서서히 퍼져나갈 것이다.

고객은 웃는 얼굴로 '아니오'라고 말하지 못한다.

내가 필사적으로 엔터테이너를 연기한 덕분에 얼마나 큰 시련과 고난을 극복하고 최고의 행복을 누려왔는지 당신은 짐작도 못할 것이다.

즐거우니까 웃는 것도 웃기는 것도 아니다. 웃으니까 웃길 수 있으니까 즐거운 것이다.

CHAPTER 03

HABITS

신(神)습관

비관은 기분이다. 하지만 낙관은 의지다.

알랭 Alain

●

기회는 갑자기 찾아온다. 그리고 생각하는 동안에 저만치 가버린다.

오치아이 노부히코 落合信彦

●

고통이 사라지는 것이 아니다. 고통으로 사라지는 것이다.

아라 료칸 荒了寬

51 순수한 '카피캣copycat'이 되라

실적이 부진한 영업사원의 공통점은 바로 '고집이 세다'는 점이다. 그래서 자신의 영업 스타일을 좀처럼 바꾸지 못한다. 자기 나름대로 방법을 모색하고 의지로 밀고 나가는데, 정작 중요한 실적은 늘 하향세를 그리며 바닥으로 곤두박질친다.

그렇다. 이들은 '고집'과 '노력'을 착각하고 있는 것이다. 아무리 머리가 좋고 언변이 뛰어나도 혁신적인 행동을 취하지 못한다.

이제는 자신의 지식과 스킬이 별 것 아니라는 점을 인식해야 한다.

열린 마음으로 다른 사람에게 뭔가를 배우거나 겸손한 마음가짐으로 타인의 방식을 따라해 보는 자세를 갖는 것이 우수한 영업사원으로 변신하기 위한 지름길이다.

성공하는 사람은 '고분고분한 열정가'다. 여기서 말하는 '고분고분하다'는 것은 단순히 순종적인 의미가 아니라 긍정적인 사고를 뜻한다. 당신 주변의 고분고분한 열정가가 있다면 그 사람을 모델로 똑같이 연기해 봐라. 철저하게 그 사람을 흉내내는 것이다.

성공을 손에 넣은 고분고분한 열정가를 존경하고 되도록이면 많은 시간을 공유해서 모든 각도에서 철저하게 따라해 보길 바란다. 좋은 의미에서 스토커가 되라.

몸가짐, 태도, 말투, 매너, 배려, 인사법 등 일상의 언행을 자세히 관찰하고 일거수일투족을 모방하라. 옆에 바짝 달라붙어서 사업상의 교류는 물론 취미, 스포츠, 자원 봉사 등의 활동을 같이 할 수 있다면 더욱 좋다.

만일 시간을 공유할 수 없는 먼 존재라면, 당신 상상의 세계에서라도 상관없다. '그 사람이라면 이런 경우에 어떻게 할까?' 즉 '그 사람'을 판단 기준으로 자신의 언행을 결정하는 것도 하나의 방법이다. 시작은 가짜(fake)라도 상관없다. 모방하고 따라하려는 시도가 미래의 당신을 '영업 실적이 우수한 열정가'로 변신시켜 줄 것이다.

영업 실력의 향상은 이론으로 되는 것이 아니다. '모방하는 감성'과 '실행에 옮기는 힘'이다.

물론 자기답게 '자연스럽게 하고 싶다'는 반론도 있을 것이다.

하지만 걱정하지 마라. 동경의 대상인 '그 사람'의 완벽한 아바타가 되었다면 그다음은 '자신만의 스타일'로 업그레이드하면 된다.

발전적으로 진보하는 독자성이 중요한 것을 말할 필요도 없을 것이다.

오리지널을 뛰어넘는 오리지널리티(originality)를 추구하는 것이야말로 비약적인 성과를 낳는 법이다.

52 토크 스크립트를 '달달달 외워라'

서투른 자기만의 방식을 고집하며 자신만만한 것은 나쁘지 않으나 실적이 뒤따르지 않는 영업사원이 있다. 신참, 고참, 베테랑을 불문하고 이런 타입은 일단 피곤하다.

그리고 솔직히 말해서 손쓸 방도도 없다. 본인이 앞으로 뭘 깨닫느냐에 따라서 개선의 여지가 있기는 하지만 원점으로 돌아가는 과감한 조치가 필요하다.

그래서 서투른 자기만의 방식으로 똘똘 무장하기 전에 이론을 익혀 두어야 한다.

참고로 나는 골프를 못 친다. 20대부터 20여 년간 라운딩을 수 백회나 나갔지만, 드라이버가 크게 오른쪽으로 꺾이는 '슬라이스' 고질병은 나아지지 않았다.

아무리 쳐도 골프 실력은 늘지 않았다. 지금은 골프에서 손을 놓았고 일절 라운딩에 나가지 않는다. 골프 클럽 세트는 창고에 처박힌 채 먼지만 수북이 쌓여 있다. 왜 실력이 늘지 않았는지, 그 이유를 돌이켜 보면 초보자가 갑자기 코스에 나갔는데, 하필이면 그럭저럭 스코어가 나온 것이 문제였다. '연습을 싫어했고', '남의 말을 듣지 않고 자기 뜻대로 하고 싶어했고', '골프를 우습게 봤던 것'이 원인이었다.

좀 더 기본에 충실하며 스윙 연습을 한다거나 골프 스쿨에 다니는 등 방법은 있었지만 캐리어를 쌓을수록 앞으로 나가려고만 했지 뒤로 돌아가지 못했다.

영업사원의 세계도 마찬가지다. 중요한 것은 이론을 철저하게 익히는 것이다. 매뉴얼대로 '토크 스크립트'를 달달달 외우는 것부터 시작해야 한다.

만일 당신이 소속된 조직에 스크립트가 없다면 실적이 좋은 선배나 트레이너에게 얻은 정보를 수집해서 직접 작성해보자. 완성되면 단어 하나, 문장 하나를 통째로 '암기한다'는 생각으로 반복 연습한다. 언제, 어디서, 누구에게든 동일한 내용을 막힘없이 유창하게 말할 수 있는 수준이 되어야 '달달달' 외웠다고 할 수 있다. 마치 '고장 난 재생기'처럼 똑같은 이야기를 줄줄 꿰는 수준이어야 한다.

따라서 일단 본인 나름의 토크 방식을 날려버릴 용기를 가졌으면 한다.

아마추어가 달성한 홀인원은 어쩌다 생긴 일이다. 기본에 충실하며 몇만 번의 스윙을 착실하게 연습해 온 프로에게는 아무리 발버둥을 쳐도 당해 낼 재간이 없다.

127

53 재생 공장의 '영상'을 스마트폰으로 촬영하라

실적 부진의 원인은 반드시 있다. 항상 현재 상태를 분석해야 한다.

그런데 문제의 핵심을 직시하지 못한 채 '성패와 상관없이 과감히 부딪혀라'는 근성론을 들먹이는 영업사원이 많다. 이런 실정은 매우 안타까울 따름이다. 만일 토크 스킬에 문제가 있는 경우라면 아무리 노력해도 허접한 자세(form)만 굳어질 뿐이다.

이때는 본인 스스로 '재생 공장'의 공장장이 되어서 트레이닝을 거듭하며 철저하게 단련해 나가야 한다. '어떻게 하면 히트를 칠 수 있을까?'라는 문제 원인에 근거한 트레이닝으로 과제를 해결하고 결과를 바꿔 나가는 수밖에 없다.

방대한 지식이나 본인 만족의 행동 플랜만으로는 '슬럼프'라는 이름의 중성지방을 태울 수 없다. 처진 군살은 혹독한 트레이닝을 통해서 땀을 흘려야 비로소 빠진다.

사실 롤 플레이를 싫어하는 영업사원이 꽤 많다. 필요성을 느끼면서도 '다음에 하자'라며 뒤로 미룬다.

하지만 이런 식으로 도망쳐서는 안 된다. 토크 스킬이 녹슬지 않도록 마치 날이 선 칼처럼 항상 정갈하게 갈아둬야 한다.

롤 플레이 영상은 반드시 스마트폰으로 촬영해서 저장해 둔다. 이렇게 하면 이동 중의 지하철 안이나 고객을 방문하기 직전에라도 부족한 부분을 확인할 수 있다. 자신을 다잡아 줄 수 있는 사람(교사)은 자기 자신이다. 배우고 고쳐야 할 모든 것은 영상 안에 있다.

일단 당신은 작성한 시나리오의 단어 하나, 문장 하나를 통째로 외우는 수준까지 연기할 수 있어야 한다. 그러려면 여러 번 반복해서 온 카메라(on camera)로 촬영한 영상을 고객의 입장이 되어서 '고객의 눈'으로 확인하는 것이 좋다. 미리 각 단계별로 나눈 객관적인 '평점', '개선점', '합격 이유' 등을 기재할 수 있는 롤 플레이 시트도 빠짐없이 준비해 두자.

이때 리허설을 위한 리허설이 되지 않도록 본방을 방불케 할 정도로 엄격한 트레이닝이 필요하다. 영업사원인 이상 높은 목표에 걸맞은 '역량'을 끊임없이 추구해 나가야 한다.

요즘은 '세일즈 토크를 갈고 닦아야 한다'는 중요성을 알면서도 구체적인 트레이닝을 실행에 옮기지 못하는 영업사원이 많다. 수동적인 스터디나 미팅도 좋지만 능동적인 트레이닝을 차일피일 미루는 안타까운 영업사원에게 내일은 없다. '재생 공장' 트레이닝(단련)으로 땀을 흘리는 영업사원에게만 밝은 미래가 찾아온다.

54 활동적으로 '뛰어올라 가는' 습관을 길러라

정체된 현재 상태를 한시라도 빨리 타개하기 위해서는 활동적인 (active) 체질로 개선하는 '행동'이 필요하다. 지금 당장 '영업의 숨겨진 비만' 즉 대사증후군 체질을 개선하지 않으면 '죽음에 이를 수 있다'는 위기의식을 가져야 한다.

대응(foot work)이 느린 '만년 다이어터'에서 벗어나는 것이 현재 당신에게 주어진 과제다.

'참고 견디기'만 해서는 영업 스트레스만 쌓일 뿐이다.

활동량 부족은 몸과 마음의 '건강'을 갈아먹는다. 그렇다고 갑작스럽게 방문 건수를 늘리거나 새로운 시장을 개척하기란 쉬운 일이 아니다. 생각만하다 보면 오히려 '움직일 수 없다.'

일단 누구라도 곧바로 실행에 옮길 수 있는 '적당한 행동'부터 시작해 보자. 그러면 충분하다. 일상생활 속에서의 자그마한 행동을 습관화해 보는 것이다.

내 경우에는 영업 실적이 가장 좋았을 때에 '계단 오르기'를 했다. 어디서든 간단하게 할 수 있는 '습관'이었다.

피트니스 센터에 다닐 시간이 없을 만큼 무척 바빴던 나에게 출근길이나 영업 방문처로 이동하는 도중에 간단하게 할 수 있는 '계단 오르기'는 매우 효율적인 운동이었다.

지하철 승강장을 오르내릴 때는 에스컬레이터를 타지 않고 반드시 계단을 이용했다. 단, 건물 5층이나 7층에서 근무했을 때는 적당히 좋은 운동이었지만 솔직히 11층이나 16층의 사무실에서 근무했을 때는 꽤 힘들었다. 한때 27층 사무실로 출근했던 적도 있는데, '등산 마라톤'을 하는 기분이었다.

하지만 이마저도 습관이 되니 상쾌한 기분으로 매일 아침을 맞이할 수 있었다.

소소한 성취감을 맛보며 하루를 시작했다.

실제로도 영업 실적은 최고층에서 근무했을 때가 더 급상승했다.

아무래도 자기 힘으로 단숨에 '뛰어올라 가는' 행동은 쾌락 물질을 활성화하고 동기를 부여해서 보다 빠른 반응이 나오게끔 하기에 영업 실적의 '상승'으로 이어지는 모양이다.

매일매일 활동적으로 뛰어오를수록 실적도 껑충껑충 뛰어오르는 생활 습관, 이를 시험해 볼 것인가 말 것인가는 이제 당신에게 달렸다.

55 사람이 그리운 고독한 장소에서 '1인 전략 회의'를 열라

눈길 한 번 주지 않는 냉랭한 고객과 할당량(숫자)을 채우는 데에 급급한 상사 사이에서 지옥의 나날을 보낼 때에 '나는 외톨이고 이 세상에 내 편은 아무도 없다'고 느껴지리만큼 고독한 기분에 사무친다.

하지만 영업사원이 '고독의 시간'을 즐기지 못하면 그 순간 끝이다. 혹독한 경쟁의 영업 세계에서 살아남으려면 고독을 두려워해서는 안 된다.

영업사원은 고독과 운명을 같이하는 대가로 높은 월급을 받는 것이다.

단언컨대 절대로 '고독'을 두려워해서는 안 된다. 철저하게 '고독'을 즐겨야 한다.

어떻게 즐길 것인지, 몇 가지 예를 제안해보겠다.

일단 첫 번째로 '고독의 브레인스토밍'을 반드시 해보자. 예를 들어 아침 일찍 자신만 아는 비밀스러운 카페에 가서 누구의 의견도 개의치 않고 독창적인 영업 전략을 짜보는 것이다.

'고독의 독서 타임'도 좋다.

자신과 마주할 수 있는 최고의 시간이 될 것이다. 그러기 위해서는 적어도 한 달에 두 권 정도의 양서를 읽자. 내 경우에는 책이 영업의 스승이자 멘토였다.

'고독의 워킹'도 좋다.

이는 영업에 대한 동기를 향상시킨다. 걸으면 도파민이 형성되어 '양질의 사고'가 가능하고 혁신적인 아이디어가 번뜩이기도 한다.

'고독의 시네마'도 좋다.

마음속의 응어리를 풀어내는 소중한 시간이 된다. 가능하면 여럿이 함께하는 영화 감상은 피하고 심금을 울리는 인간 드라마를 혼자 보는 것이 좋다.

'고독의 자축 파티'도 권하고 싶다.

일을 최종적으로 마친 마감일에는 혼자 조용한 바를 찾아가 카운터 좌석에 앉는다. 그리고 자신을 칭찬하면서 '론리네스 샷(Loneliness shot)'을 음미하는 것이다.

자, 이제 당신도 고독을 두려워 말고 자신과의 대화를 즐겨보라.

진심으로 고독의 의미를 이해할 수 있을 때에 비로소 '고객도 고독하다'는 공감과 깊은 애정이 생길 것이다.

사람이 그리운 상황에서 연 '1인 전략 회의'이기에 마음이 통하는 사람과 사람 사이의 유대를 키워 나갈 수 있을 것이다.

56 모든 수단을 동원해도 안 된다면 나만의 '명당'에서 충전하라

필사적으로 영업 활동을 해도 '고객'이라는 상대가 있는 일이다. 적절한 타이밍과 운에 좌우되는 업계다. 그래서 어쩔 도리가 없는 일은 어쩔 수 없다.

당신이 이미 모든 수단을 동원했다면 아무리 발버둥을 쳐도 달라지지 않는다.

절체절명의 막다른 길에 내몰려서 절망적일 때는 심각하게 대책을 검토해도 어차피 악순환에 빠질 수밖에 없다. '신중'해지는 것은 괜찮지만 '심각'해져서는 안 된다.

이런 경우에는 좋은 의미에서 아예 다른 일을 하는 것도 하나의 방법이다.

예를 들어 기대했던 중요한 약속이 당일 취소되어 뒤통수를 맞은 것처럼 매우 불쾌할 때에 마침 다른 스케줄이 없어서 일정이 비어 있다면 곧바로 절을 찾아가 수백 년 된 큰 나무를 한번 껴안아보자.

부끄럽지만 나는 이따금씩 큰 나무를 껴안아보려고 아무도 없는 새벽에 절을 찾아가곤 한다. 나무를 껴안으면 신기하게도 마음이 평온해진다. 이토록 평온한 마음을 가져다주는 곳이 어디 있을까 싶을 정도다.

나는 큰 나무를 안고서 유구한 역사 속을 헤맨다. 수만 년이라는 세월의 흐름을 상상하면서 수백 년 된 나무를 껴안고 있으면 그간의 걱정거리가 수백 년 후 미래의 저편으로 날아가는 것 같다. 마음속의 걱정거리는 어차피 너무나도 작은 사건에 불과하다는 생각에 어깨의 힘을 뺄 수 있다.

즉 자신이라는 존재의 미약함에 '아등바등해도 소용없다'는 기분이 드는 것이다.

우리들 영업사원은 인류의 진화 속에서 성장 중인 미성숙한 사람이기에 일이 잘 풀리지 않는 것은 당연한 일이고 실패와 실수를 저지르는 것 또한 당연하다.

그러니 부디 눈앞의 결과만 보고 상심하지 말고 모든 걱정거리를 훌훌 털어버리자.

그리고 기도하자. 모처럼 절에 찾아가서 하는 기도니 자신만을 위해서가 아니라 먼저 '고객의 행복'을 빌어주자.

왜냐하면 소중한 고객의 행복을 비는 순간 초자연적인 세일즈 파워가 당신에게 강림할 것이기 때문이다. 그때 그 장소가 당신에게는 진정한 나만의 명당 즉 '파워 스팟(power spot)'이 될 것이다.

135

57 때로는 영업을 중단하고 '영화관'에서 사랑을 공부하라

내 취미는 일이다. 휴일에는 오로지 집필에만 몰두한다. 평일에는 보험회사의 과혹한 미션을 수행하는데, 오히려 이것이 기분전환이 된다. 그야말로 괴짜다.

이런 나에게도 남들처럼 즐기는 오락이 있다. '혼자서 영화 감상을 하는 것'이다. 나이가 들수록 심야에 영화를 보러 영화관을 찾는 일이 늘고 있다. 영화 장르는 휴먼 드라마나 미스터리도 나쁘지 않은데 가끔씩 공상 과학 영화(SF)도 본다.

최근에 본 영화 중 특히 추천하고 싶은 작품은 〈인터스텔라(Interstellar)〉다. 이 영화의 배경은 가까운 미래의 지구다. 심각한 식량난으로 인류가 멸망할 위기에 처한 현실을 마주한 주인공(전직 파일럿)은 인류가 이주할 새로운 행성을 찾아 나선다. 주인공은 무엇과도 바꿀 수 없는 사랑하는 딸에게 '반드시 돌아오겠다'는 약속을 남기고 우주 저편으로 떠난다. 목숨을 건 미션을 수행하러.

영화는 머나먼 우주의 끝도 없는 고독 속에서 주인공은 고독이 주는 가혹함에 혼란을 겪으며 정신을 잃는 모습을 생생하게 표현했다. 인간적인 '나약함'을 훌륭하게 묘사했다. 또한 인간의 '강인함'도 섬세하게 연출함으로써 인간의 '사랑의 힘'을 부각했다.

지구와 우주의 사이에 시간의 격차가 존재해서 가족이 우주선으로 보내는 비디오 영상에 늙어가는 가족의 모습이 보인다. 이런 모습을 보고 주인공은 내적 갈등을 빚는다. '지구를 구하고 싶다'는 인류에 대한 생각과 '가족의 곁으로 돌아가고 싶다'는 이기적인 바람이 대립하기도 한다. 하지만 마지막 장면에서 '인류애와 가족애는 상반되지 않는다'는 메시지에 도달하는 등 매우 훌륭한 스토리 전개에 감탄을 금하지 않을 수 없는 작품이다.

영화 속의 한 장면에 '아버지는 죽기 전에 뭘 떠올릴 것 같아?'라는 대사가 나온다. 당신은 어떤가? 죽기 전에 무엇을 떠올릴 것인가?

역시 대답은 '자녀의 모습'이 아니겠는가? 나도 그렇다. 바라건대 먼 우주의 끝에 있더라도 '사랑의 힘'으로 구원의 손길을 내밀고 싶다. 영화에는 '인류 최고의 발명은 "사랑"이다'라는 대사도 나온다. 어느 시대를 막론하고 인간을 구한 것은 '사랑'이다.

우리들 영업사원의 일상에서도 다양한 인간관계에서 어떻게 '사랑을 베풀며 살아갈 것인지'에 대해서 절실하게 배운다.

그 소중함을 새롭게 깨닫게 하고 영업 전사에게 다시 한 번 응원의 메시지를 보내주는 '지구상의 비밀 기지'가 바로 '영화관'이다.

58 거울을 보고 '커뮤포메이션' 하라

나는 '거울' 보는 것을 좋아한다. 그렇다고 거울 속에 비친 내 모습에 도취되는 나르시시스트(narcissist)는 아니다. 실은 거울을 보면서 영업 실적을 올려왔다. 그러니 당신도 거울 속에 비친 자신의 모습을 꼭 한 번 관찰해 봤으면 좋겠다.

표정이 어둡거나 지쳐 보이지는 않는가? 눈에서 반짝반짝 빛이 나는가? 웃는 얼굴에 가식은 없는가? 자신의 내면을 들여다보듯이 자신의 모습을 응시하는 것이다. 그리고 거울을 향해서 실적 향상을 위한 어포메이션(affirmation, 확언)을 실행한다.

일반적으로 어포메이션이란 '구체적인 꿈과 목표에 대한 자기 암시', '심층 심리에 숨겨져 있는 고정 관념의 전환', '바람과 희망이 실현된 것처럼 세뇌하는 것'이다.

그런데 '나는 반드시 판다!', '나는 내가 제일 좋다!', '나는 반드시 크게 성공한다!'와 같은 '자신에 대한 무리한 강요'는 자신감을 잃은 영업 사원에게 그다지 큰 효과를 기대할 수 없다.

속으로는 자신에게 '경험 부족', '자기혐오', '실현 불가능'이라는 의심의 눈초리를 보내면서 무리하게 어포메이션을 시도해 봤자 그렇게 되지 않기 때문이다. 오히려 급격한 변화에 대한 공포로 잠재의식이 거부 반응을 일으킬 것이다. '역시 나는 무리야…' 하는 부정적인 저항에서 빠져나오지 못한다.

그래서 내가 만들어 낸 어포메이션이 이름하야 '커뮤포메이션'이다.

'너는 재수가 좋은 영업사원이다', '너는 대박운이 따르는 영업사원이다', '너는 세계에서 가장 행복한 영업사원이다' 등의 메시지를 거울 속의 자신에게 말해 주고 대화를 나누는 방법이다. 원래 운이나 행복감이라는 것은 자신의 능력과 직접적인 관련이 없다. 그래서 잠재의식에서 거부 반응이 일어나기 어렵다. 본래의 자신은 전혀 변화할 필요가 없으니 무리 없이 자연스럽게 말할 수 있다.

거울 속의 당신을 마음껏 응원할 수 있다면, 그 에너지는 그대로 반사되어 거울 밖의 당신에게 되돌아올 것이다. 신기하게도 자신감이 마구 솟아올라 '나는 할 수 있다!'는 기분이 든다. 실적 향상의 효과는 절대적이다.

두근두근 신이 나는 '럭키 커뮤포메이션'의 리듬을 타면서 거울을 보고 몇 번이고 몇 번이고 자신(상대방)을 격려하지 않겠는가?

당신도 반드시 거울 속의 상대방(자신)의 행운을 믿고 대화를 즐기기 바란다.

59

취침 전의 '명상'으로
내일도 새롭게 태어나라

당신은 아침을 어떻게 시작하는가?

베갯잇의 따스함을 뿌리치지 못한 채 늦잠의 유혹과 싸우는가? 하품을 참으며 힘들게 잠자리에서 일어나 '출근하기 싫다'며 아침부터 한숨을 쉬는가? 어째서 비몽사몽하며 상쾌한 아침을 맞이하지 못하는 것인가?

그 원인은 취침 전의 '부정적인 사고'에 있다.

누구에게나 고민이나 걱정거리 한두 개쯤은 있다. 물론 그 크기는 각기 다르겠지만 어차피 본인 한 사람의 일이다. 너무나도 자그마한 걱정거리가 아닌가?

답답한 마음을 떨쳐버릴 수 없는 밤은 대개 주변 사람들에 대한 감사와 배려를 잊고 있을 때다.

그런 이기적인 마음을 궤도 수정하는 방법으로 잠들기 직전에 '감사와 배려의 명상'을 하라고 권하고 싶다.

불을 끄고 이불 속으로 들어갔지만 잠이 오지 않을 때에 양 백 마리를 세는 것처럼 고객을 한 명씩 세어보는 것이다. 눈을 감고 당신이 좋아하는 고객, 소중한 고객, 존경하는 고객의 얼굴을 한 사람, 한 사람씩 떠올려보자.

양 대신에 백 명의 고객을 세어보는 밤도 좋지 않은가? 당신을 기분 좋게 하는 고객의 '웃는 얼굴'을 떠올려보자. 환하게 웃는 고객 덕분에 지금의 당신이 있고 그런 고객을 위해서 당신은 무엇을 할 수 있을지를 생각하면서 잠을 청하는 것이다. 모든 고객에게 행복한 내일이 찾아오도록 기도하면서.

이렇게 푹 자고 일어나면 당신의 영업 파워는 자연스럽게 100% 충전될 것이다.

영업 활동으로 인한 피로와 고민, 실패의 나쁜 기억을 지우고 성공 체험만 기억 폴더에 새롭게 저장해 나가자.

이런 식으로 하루하루를 착실하게 리셋(reset)하라. 당신이 영업의 신(神), 영업의 독종으로 다시 태어나기 위해서 없어서는 안 될 소중한 시간이다.

일하고 싶은 의욕이 마구 솟아올라 희망이 넘치는 당신은 '자, 오늘도 힘내자!'라며 소리치고 싶은 충동을 애써 참으면서 이불을 힘차게 걷어차고 벌떡 일어나게 될 것이다.

충전이 100% 완료된 램프가 켜지고 깊은 잠에서 깨어난 그 순간, 우리들 영업사원은 '오늘도 다시 태어난다.'

60

'아침형 체질'로 자신을
개혁하고 주체적으로 일하라

슬럼프에서 빨리 탈출하려면 똑같은 일상을 반복해서는 안 된다. 스스로 주체적으로 움직이고 몸에 찌든 나쁜 습관을 갈아치워야 한다.

일단 하루의 시작이 제일 중요하다. 업무 시작 시간을 역으로 계산해서 지각만 겨우 면하는 정도로 출근 준비를 해서는 평생 슬럼프에서 벗어날 수 없다.

부끄럽지만 나도 젊은 시절에 늦잠의 유혹을 이기지 못해서 몹시 괴로웠던 적이 있다.

그때는 변명의 여지없이 '수동적인' 나날을 보냈다. 일어나기 싫은데 '일어나야 한다'며 억지로 이불 속에서 나와 그날의 영업 활동을 시작했다. 회사에서 여러 업무에 시달리다 지쳐서 집에 돌아와 잠들고, 그다음 날 힘겹게 일어나서 다시 출근하는 나날의 반복이었다.

그러다 나는 '이대로는 도태될 수밖에 없다'는 위기감을 느끼고 깊게 반성했다. 그리고 주체적으로 아침형 인간이 되어야겠다고 마음먹었다.

'내 의지로 일찍 일어나자'고 다짐한 순간, 나는 내 행동을 주체적으로 컨트롤할 수 있게 되었다. 영업 활동의 주도권을 손에 넣은 것이다.

그러자 신기하리만큼 영업 실적은 향상되었다. 일찍 일어날수록 아침에 눈을 뜨는 것이 상쾌하게 느껴졌고 그와 비례해서 영업 실적이 꾸준히 오르는 선순환이 생겼다.

수동적으로 뭔가 달라지기를 바라는 일상으로는 나쁜 흐름을 변화시킬 수 없다. 이 점을 새롭게 깨닫게 된 경험이었다.

아침에 일찍 일어나는 제일 쉬운 방법을 한 가지 전수해 달라고 하면 '일찍 자라'고 조언하고 싶다. 매우 간단하다.

앞으로는 의미 있는 뒤풀이나 팀워크를 다지는 자리가 아닌 이상 술 약속은 삼가는 것이 좋다. 다른 사람들과 잘 어울리지 못한다는 욕을 먹더라도 '주체적'으로 거절하자.

아침 시간은 업무를 처리하거나 공부하기에 딱 좋고 효과적인 영업 전략이나 아이디어가 잘 떠오른다. 이른 아침은 뇌가 가장 맑은 그야말로 골든타임이다.

내가 지난 20여 년간 생명보험 영업에서 성공을 거두고 매년 수천만 원 이상의 보수를 받을 수 있었던 것은 '잠을 자둬야 아깝지 않다'는 수면에 대한 집착을 버리고 이와 반대로 '잠자는 것이 아깝다'는 긍정적인 해석으로 의식의 전환을 꾀한 덕분이다.

'아침에 일찍 일어나는 것은 서푼의 이득'이 아니라 '아침에 일찍 일어나는 것은 30억의 이득'이다. 꾸벅꾸벅 잠자고 있을 때가 아니다.

61

의미 없는 '2차 회식'에
끌려다니지 마라

직장 동료를 좋아하는 당신은 아마도 그들과 화기애애한 분위기 속에서 일하고 있을 것이다. 술자리를 거절하지 못하는 당신은 환영회, 망년회, 자축파티 등 2차 회식에도 출석률 100%를 자랑할 것이 뻔하다.

하지만 잘 생각해 봐라.

진정 그 시간이 당신의 영업사원 인생에서 유익한 시간인가?

언제 깨질지 모르는 사내 인간관계를 유지하려고 그들에게 끌려다니는 것은 아닌가? 이제는 이런 식으로 시간을 낭비하며 사는 것이 당신의 성장에 얼마나 큰 방해가 되고 있는지 자각해야 한다.

술자리가 나쁘다거나 직장 동료와의 즐거운 시간을 보내는 것이 무의미하다는 말이 아니다. 그런 행동이 주체적인 판단에 의한 것인지 아닌지를 묻는 것이다.

사실 나는 '2차 회식을 딱 잘라 거절했더니 생산성이 갑자기 좋아진 경험'을 했다.

깜짝 놀랄만한 극적인 변화였다.

'그래봤자 2차 회식이 아닌가?'라고 생각할지 모르지만 거절해야 한다. '남들과 잘 어울리지 못한다는 험담을 듣고 싶지 않은 증후군'이 얼마나 당신의 인생을 갈아먹고 있는지를 곰곰이 생각해 봐라.

일단 '비용'이다. 1차 회식비 외에 몇만 원의 비용이 더 발생한다. 타성에 젖어서 매번 2차 회식까지 가면 지출 비용은 상당하다. 당신의 수입에서 얼마만큼의 비율을 차지하는지 계산해 보면 꽤 높을 것이다. 이왕 쓸 거라면 그 비용을 자기 투자에 쓰는 것이 어떨까?

그다음으로 '시간'이다. 골든타임인 2~3시간을 그런 식으로 낭비하는 것은 돈보다 더 아깝다. 누적되면 상당한 시간이 될 그 시간을 다른 일에 할애했다면 당신의 인생은 전혀 다른 방향으로 흘러가지 않았을까?

그리고 '건강'이다. 아직 젊다고 해도 술을 2차, 3차 마구 퍼마셔서 잠을 설쳤다면 그다음 날의 영업 활동에 지장을 초래할 것이다.

어차피 1차 회식에서 2차 회식으로 자연스럽게 넘어가는 습관 때문에 참석한 것이라면 참석해야 하는 의의도 의미도 없다.

얻는 것보다 잃는 것이 더 많을 뿐이다.

이제 당신은 삶의 방식을 바꿔야 한다. '2차는 딱 잘라 거절하고 1차만 참석한다'는 결단이 당신의 인생을 바꿔줄 것이다. 절대로 끌려다녀서는 안 된다.

62 '술'에 의지하는
영업 방식에서 손을 떼라

'접대'라는 이름의 술자리를 좋아하는 영업사원이 있다. 매일이 주말인 것처럼 거래처 사람들을 데리고 술을 마시고 취해서 돌아다닌다. 개중에는 거의 매일 같이 밤거리로 나서는 활기 넘치는 영업사원도 있다.

나도 한때 접대비로 엄청난 돈을 투자한 적이 있다. 2차, 3차, 새벽까지 코가 삐뚤어지게 마시고 그다음 날 아침에는 숙취로 괴로워하며 눈을 뜨는 것이 일과였다.

하지만 술의 양과 영업 실적 그래프는 절대로 비례하지 않는다는 것을 경험을 통해서 뼈저리게 느꼈다.

실적 향상이라는 직접적인 효과는 거의 0%에 가깝다고 단언할 수 있다. 지금 생각해 보면 그런 투자는 단순한 낭비였다. 아니, 정확히 말하자면 나 자신을 위한 '위안'이었다. 단언컨대 영업 효율을 진심으로 향상시키고 싶다면 술에 의존하지 않는 편이 현명하다.

물론 때로는 술자리에서 친목을 다지는 것도 중요하다. 그런데 만일 '접대가 효과적인 영업 전략'이라고 믿는 사람이 있다면 어리석은 영업사원이라고 말해 주고 싶다. 설령 효과가 있다손 치더라도 일시적인 현상일 뿐이다. 계속하다 보면 언젠가 자금도 체력도 모두 바닥이 날 것이다.

솔직히 술의 힘은 굉장하다. 취기가 오르면 분위기가 한껏 고조되고 평소에 말수가 적었던 고객도 마치 딴 사람처럼 수다스러워진다. 큰 건을 성사시켜줄 것만 같은 말을 늘어놓는다. 실적이 주춤한 영업사원에게는 꿈과 같은 세계다.

하지만 유감스럽게도 취기가 사라지면 분위기는 냉랭해지고 만다. 술자리에서만 통용되는 '립-서비스'에 속아서는 안 된다. 접대로 실적이 올라갈 만큼 영업 세계는 그리 녹록하지 않다. 아무리 2차, 3차로 열심히 술 접대를 해도 그다음 날 당신에게 돌아오는 것은 '청구서'와 '숙취'뿐이다.

대개의 경우 술을 마시면서 업무에 관한 진지한 이야기는 나누기 어렵다. 술에 의존한 난잡한 영업 활동만 벌이고 있다면 당신은 언젠가 '알코올 영업 중독'으로 폐인이 될 수밖에 없다. 어떻해서든 특별한 분위기를 연출해서 고객과 밀담을 나누고 싶다면 대낮에 세련된 카페에서 만나도 충분하지 않을까? 시간도 단축할 수 있고 무엇보다 건전하지 않은가?

영업의 세계란 술과 관련 없는 '정신이 멀쩡한 세계'에 존재한다는 것을 잊어서는 안 된다.

63

타깃을 향해 매진하고
'마음의 면역력'을 단련하라

감기로 고열에 시달리다 자리보전하거나 크게 다쳐서 병원에 입원하는 등 누구에게나 우울한 일이 생기기 마련이다. 이렇게 끙끙 앓을 때마다 당신은 소중한 시간과 기력을 잃는 것은 물론 영업 실적도 함께 '병들어 간다.' 이럴 때에 당신은 어차피 피할 수 없는 지나쳐야 하는 불운이라며 포기하고 휴식을 취하면서 '다음에는 조심하자'는 평범한 예방책을 반복적으로 들이대는 것에 만족할 것인가?

물론 '단 한 번도 병에 걸린 적이 없고 다친 적이 없는' 마치 불사조와 같은 철인을 나는 본 적이 없다. 슈퍼맨처럼 될 수 없는 것이 현실이다. 어쩌면 당신은 병에 걸리거나 부상(負傷)을 입는 것을 '우연'이라고 생각하고 있을지도 모르겠다.

하지만 그렇지 않다. 당신이 감기로 쉬는 것은 우연이 아니다. 무사고 영업사원이 무사고인 데에는 그만한 이유가 있다.

병은 정신이 해이하거나 자신의 몸을 소중히 여기지 않는 행동이 쌓이고 쌓인 끝에 면역력 저하로 나타나는 것이다. 부상은 집중력이 산만해진 부주의 때문에 생기는 것이다.

그렇다면 어쩔 수 없다고 생각했던 건강조차도 실은 당신의 정신력(mental)에 따라서 컨트롤할 수 있다는 것이 아닌가?

한의학에서는 '풍사(風邪)'라는 나쁜 기운이 등쪽의 풍문혈(風門穴)을 통해서 체내로 침투하여 감기를 일으킨다고 한다. 부상의 어원은 더러움이다. 그래서 더러운 마음이 부상을 불러들인다고 생각하기도 한다.

그렇다면 이들을 격퇴시킬 수 있는 예방책이 있을까? 물론 있다. 바로 '명확한 목표'를 항상 마음속에 새겨 두는 것이다. 이렇게 하면 '장쾌'한 마음의 상태가 지속되어 면역력도 집중력도 향상된다. 이로 말미암아 나쁜 기운이나 더러운 마음을 불러들일 위험 또한 사라진다. 목표를 향해서 정진하고 있을 때의 면역력은 체력 저하를 멀리 내쫓는다. 목표를 향해서 정진하고 있을 때의 집중력은 방심으로 인한 사고를 멀리 내쫓는다.

손을 뻗으면 쉽게 닿을 수 있는 자그마한 목표를 차례로 설정한다. 목표를 항상 갈고 닦는다. 주변 동료와 공유한다. 목표를 적은 종이를 항상 갖고 다닌다. 목표를 게시해서 가시화한다.

이렇게 나쁜 기운이나 더러운 마음이 얼씬 못하도록 '목표 예방 백신'을 접종하자.

온몸과 마음을 다해서 '타깃을 향해서 한눈팔지 않고 매진'하는 충실한 영업사원은 병이나 부상과 절대 인연이 닿지 않을 것이다.

64

'이상적인 다이어트'를 숙명으로 받아들여라

폭음, 폭식을 반복하는 영업사원의 인생은 파란만장하다. 한때 성공했더라도 영업 실적은 오르락내리락 춤을 추다가 결국에는 바닥으로 곤두박질친다. 쾌락을 추구하며 향락에 빠져 사는 삶은 결코 풍요로운 인생이라고 할 수 없다.

이런 행위는 일종의 마약 중독이다. 시시각각 '영혼'이 잠식되고 있다고 생각해야 한다. 자고로 영업사원은 외모나 옷차림 등을 유지하기 위해서라도 심신의 균형을 유지해야 한다. 심신의 균형은 영양상의 균형과 같아서 잘못된 식습관은 양질의 '영업 정신(mind)'을 망치는 요인으로 작용한다.

평소에 품행은 방정하지만 만일 배가 나온 것에 신경이 쓰인다면 일단 영양상 균형 잡힌 식생활을 하고 있는지 재점검해 보길 바란다.

비만의 원인은 대개 '과식'인 경우가 많다. 편의점을 좋아하는 당신은 어쩌면 정크 푸드만 즐겨 먹는 편식을 하고 있는 것은 아닌가?

나는 건강한 삶을 지향한다. 그래서 하루의 시작인 아침밥에 신경을 많이 쓴다. 밥은 밥공기에 적게 담아서 한 공기, 된장국 한 그릇, 낫토, 구운 생선, 계란, 채소, 해초류, 매실장아찌, 절임 반찬을 섭취한다. 식후에는 요구르트나 과일을 꼭 챙겨 먹는다. 마무리로 진한 녹차도 마신다. 전형적인 가정식 스타일이다. 이렇게 구성된 식단을 매일 아침 배가 70% 정도 찰 때까지 천천히 먹는다.

점심으로는 칼로리를 낮춘 웰빙 수제 도시락을 싸들고 다닌다. 저녁은 두부를 비롯해 영양소를 두루 갖춘 반찬 몇 가지로 당질을 제한한 식단을 구성한다. 그리고 금주하는 날을 정해서 실천하고 있다. 덕분에 중년이 된 지금도 배가 홀쭉한 체형을 유지하며 '대사증후군'과는 인연이 먼 삶을 살고 있다.

이제 와서 영양 관리 개선을 받아 봤자 무슨 소용이 있겠느냐며 '식욕을 줄이기 어렵다', '먹는 것이 인생의 유일한 낙'이라고 말하는 사람도 많을 것이다.

하지만 이런 무절제한 행동을 초래하는 마음속 깊은 곳에 '자기 자신을 소중히 여기지 않는' 인생에 대한 무책임이 자리 잡고 있다는 것을 알아야 한다. 좀 더 자신을 소중히 여기도록 하자. 무슨 일이 있어도 '건강한 체형'이고 싶은 이상적인 자신을 버리지 마라.

이상을 버린 순간 사람은 늙는다. 생기발랄한 젊음의 빛이 영업사원의 영혼을 깨우고 반대로 영업사원의 영혼이 생기발랄한 젊음을 빚어낸다. 이상적인 다이어트는 영업사원의 숙명이다.

65

'화장실'을
영업 사무실로 개조하라

우리 집은 3층짜리 건물로 방이 여섯 개가 있다. 각 층에 마련된 화장실 중에서 3층 화장실은 유일하게 가족 전용으로 조금 특이하다.

어디를 둘러봐도 한눈에 들어오도록 전후좌우의 벽에 긍정의 단어 포스터를 붙여놓았다. 밝고 건강한 긍정 마인드의 소유자가 될 수 있도록 용기를 북돋아 주는 단어가 화장실 벽면을 둘러싸고 있다. '영업 게시판'을 방불케 할 정도다.

변기에 앉는 순간 긍정의 단어로 샤워를 하는 것처럼 자연스럽게 영업 모드로 돌입할 수 있도록 하는 공간이다.

긍정의 힘을 주는 메시지는 이것만이 아니다.

화장실 벽면을 보면 가족들이 붓으로 쓴 '감사'라는 두 글자가 춤을 추고 있다.

우리 집의 연례행사인 '새해맞이 붓글씨 대회'의 작품이다. 가족 모두가 쓴 '감사'라는 글자가 화장실 벽면을 둘러싸고 있다.

나는 사랑하는 가족의 '감사'라는 두 글자에 힘을 얻고 하루를 시작하는데, 매일 아침 가족에 대한 감사의 마음으로 가슴이 벅차오르고 둘도 없는 행복에 젖어든다. 덜 깬 아침잠을 날려주고 몸의 피로와 하룻밤 자고 일어나도 가시지 않는 영업상의 걱정과 고민까지 말끔히 씻어

준다.

만일 화장실에서 볼 일을 보면서 '한숨'만 푹푹 쉬는 영업사원이 있다면 이는 '당연한 행복'을 깨닫지 못하고 감사의 마음을 잊고 살기 때문이다.

내가 매일 쾌식과 쾌변으로 최고의 자리, 최고의 장(腸) 상태를 유지할 수 있는 것은 매일 아침 5시 55분부터 배설을 하면 할수록 영업 실적이 향상되는, 아주 특별한 화장실에서 보내는 몇 분 덕분이다.

10여 년 전쯤에 '화장실의 신'이라는 히트곡이 있었는데, 분명 화장실에는 '영업의 신'이 살고 있는 것이 같다.

그리고 나는 확신할 수 있다.

그 신을 능수능란하게 움직일 수 있는 것은 매일 반복되는 습관이라는 사실을 말이다.

가시화된 개인 공간에서 '긍정적인 자기 세뇌', '감사를 올리는 의식'을 매일 아침, 1년 365일 하루도 거르지 않고 반복할 수 있었던 것은 참된 행복이다.

그 시간, 그 공간에서 매일 영업 마인드를 갈고 닦을 수 있었기에 지금의 나를 완성할 수 있었다고 해도 과언이 아니다.

66 콤플렉스를 '교정'해서 아픔을 희망으로 바꿔라

방긋하며 하얀 이를 드러내는 '상쾌한 스마일'은 영업사원의 최대 무기다.

하지만 나는 사춘기 시절부터 '삐뚤빼뚤한 치열'이 늘 콤플렉스였다. 주변 친구들은 아무렇지 않다고 말해줬지만 신경이 쓰이는 정도가 이만저만이 아니었다.

그러고는 콤플렉스를 가슴에 묻은 채 포기의 경지에 이르렀다.

사람들 앞에서 이가 보이지 않도록 입을 오므리고 말하거나 웃을 때도 입을 크게 벌리지 않으려고 조심했다. 사람을 상대로 하는 영업에서 마이너스 요소였던 것은 틀림없는 사실이다.

오랫동안 '이제 와서?'라는 생각에 '차일피일 뒤로 미뤘지만' 중년이 되어서 큰 결심을 하고 '교정'을 시작했다.

교정 초기에는 이의 안쪽 면에 부착해 놓은 브래킷과 와이어가 너무 불편했고 이루 말할 수 없는 고통에 힘들었다. 혀가 교정 기구에 쓸리면 너무 아파서 발음이 잘되지 않았는데, 입으로 먹고 사는 나에게 큰 장애가 되었다. 또한 음식을 잘 씹을 수 없어서 먹을 수 있는 음식의 가짓수가 서서히 줄어들면서 스트레스도 상당했다.

교정 기구를 장착해야 하는 기간은 1년, 그 이후에는 탈부착이 가능한 마우스피스와 같은 교정기를 2년 동안 착용해야 한다. 상당히 긴 시간이다. 길고 험난한 여정이 예상되었지만 나는 그와 반대로 '왠지 모르게 즐겁다', '아픔까지도 기쁘다'는 생각을 했다.

왜냐하면 삐뚤빼뚤한 이가 매일 영 점 몇 미리라도 움직이고 있다는 생각만으로도 '희망'을 가질 수 있었기 때문이다. 아프고 힘든 교정이라도 긍정의 마음가짐으로 견딜 수 있었던 것은 1년 후에 반드시 '좋아진다'는 '명확한 결과'가 보였기 때문이다.

그렇다. 사람은 '희망'이 있으면 노력할 수 있다는 사실을 직접 '통감'한 것이다.

실제로 치열이 움직이는 모습이 눈에 보이기 시작하니 더욱 기뻤고 불편함이나 고통 따위는 점점 아무렇지 않게 느껴졌다.

영업도 마찬가지다. 바라는 목표가 명확하고 지금 그 목표를 향해서 착실하게 걸어가고 있다는 생각만으로도 아무리 힘든 시련이나 장애물이 나타나도 참고 견딜 수 있다.

만일 당신이 '고통이 수반되는 문제 해결'을 뒤로 미루고 있다면 지금 당장 '교정'할 필요가 있지 않을까?

진심으로 '환히 웃으면서 살 수 있는 인생'을 걷기 위해서.

67

손끝을 청결히 하고
'손톱은 바짝 깎아라'

고객은 당신의 '손끝'을 본다. 의외로 고객은 영업사원의 얼굴을 많이 쳐다보지 않는다.

제안서를 보면서 상담할 때는 더 그렇다.

고객의 시선은 설명의 중요 포인트를 가리키는 당신의 '손끝'을 따라다닌다. 특히 여성 고객은 손과 손가락을 무의식적으로 보는 경우가 많다고 한다.

특히 고객은 손끝을 볼 때에 '손톱 밑'의 청결을 살핀다. 손톱이 긴 영업사원은 불쾌감을 준다. 그것만으로도 '불결한 사람'으로 단정 지을 수 있으니 조심해야 한다.

항상 손톱을 청결하게 관리하자. 여자 영업사원은 너무 화려한 네일 아트는 삼가는 것이 좋다. 남자 영업사원은 손톱 밑에 때가 낀 더러운 경우는 논외로 치고 손톱 끝의 색깔이 바뀌는 라인을 엄수해서 자른다. '바짝' 깎는 것이 좋다.

손톱을 깔끔하게 정리함으로써 세세한 부분까지 신경을 쓰는 청결한 영업사원이라는 이미지를 전달할 수 있다. '그까짓 손톱이 뭐 그리 대수냐'며 우습게 봐서는 안 된다. '청결한 이미지'는 영업에 매우 큰 도움이 된다.

만일 손가락이 짧고 두꺼운 데다 손바닥도 두툼하니 못생긴 두꺼비 손이라도 손톱을 깔끔하게 정리하면 손 전체가 예뻐 보인다. 손톱 정리는 필수다.

어느 책에서 심리학적으로 손톱이 긴 사람은 영업사원으로서 중요한 '자신감'을 갖지 못한다는 연구 결과를 읽은 적이 있다. 그러고 보니 나도 바빠서 손톱을 제때 깎지 못해서 길었을 때에 영업 실적이 '부진'했던 경험이 있다. 길게 자란 손톱을 고객에게 들키면 안 된다는 생각에 소극적인 자세를 보였다.

영업사원에게 적극적으로 고객에게 다가갈 수 없는 심리보다 치명적인 것은 없다.

즉 머리끝부터 발끝, 손톱까지 압도적인 '자신감'으로 무장해야 비로소 영업이 잘 풀리는 법이다.

손톱을 깎을 여유조차 없이 일상에 좇기며 사는 것 자체가 문제다. 자신의 손톱 상태조차 관리하지 못하는 정신 상태로 최고의 실적을 달성할 수 있겠는가?

영업사원으로서 자신을 갈고 닦듯이 손톱도 단정하고 깔끔하게 관리하고 '자신감이 넘치는 아름다운 모습'을 유지하도록 하자.

68 '냄새나는' 영업사원이라는 사실을 자각하라

고객은 영업사원의 '냄새'에 민감하다. 생리적으로 제일 싫어하는 것이 악취가 나는 영업사원이다. 일단 '생리적으로 싫은 것'이라 불합리하다고 따질 수 없다.

고객이 영업사원을 생리적으로 꺼리기 시작했다면 일단 만회하기 어렵다고 봐야 한다. 당신이 아무리 지식이 풍부하고 머리가 좋고 성실하며 프레젠테이션 능력이 탁월하더라도 '악취가 나는 사람'이라면 단칼에 아웃이다. '코를 잡게 하는 사람'이라는 꼬리표가 붙고 만다.

참고로 이성에게 인기 없는 최악의 남자 1위가 바로 '냄새나는 남자'다. 특히 '입 냄새'를 주의해야 한다. 의외로 본인이 잘 모르는 경우가 많다.

매 순간 주의해야 한다. 고기를 구워 먹거나 심야에 마늘이 들어간 음식을 먹는 것은 휴일 전날 밤 외에는 삼가도록 한다. 과음한 다음날에는 구취 제거제나 민트 사탕을 먹어도 껌을 씹어도 술 냄새가 사라지지 않는 경우가 많다. 세 번의 식사 후에는 반드시 깨끗이 이를 닦고 특히 위장이 나쁜 사람은 평소에 '자신에게서 구취가 나지 않는지' 꼼꼼히 살펴야 한다.

본래 '구취가 심한 영업사원'일수록 자신에게 구취가 난다는 자각이 부족하다. 나는 그런 사람을 위해서 '입에서 냄새가 난다'며 구취 예방 사탕을 건네면서 충고하는데, 그럴 때마다 '나도 참 오지랖도 넓다'는 생각을 하곤 한다. 왜냐하면 일반 사람들 중에 속으로 냄새가 난다고 생각할지언정 걱정하면서 직접 말해 주는 사람은 없기 때문이다. 하물며 고객이 일부러 그런 역할을 자처하겠는가? 냄새가 나서 불쾌했던 영업사원과 '두 번 다시 만나지 않겠다'는 선택을 할 뿐이다.

남녀를 불문하고 향수를 선택할 때도 조심해야 한다. 또한 향이 짙은 화장수는 삼가는 것이 좋다. 사람에 따라서 선호하는 향과 꺼리는 향이 있는데, 일반적으로 비누 향에 가까운 자연스러운 향이 무난하다. 가능하면 '무향'이 좋다. 담배 냄새도 좀처럼 제거하기 어렵다. 담배를 피우지 않는 사람이 느끼는 불쾌감은 애연가 영업사원이 이해할 수 없는 영역이라고 생각하는 편이 현명하다.

또한 매일 고군분투하는 영업사원의 '전투복'인 양복에는 '땀 냄새'가 찌들어 있다. '아저씨의 향수, 페브리즈!'를 외치면서 세균, 냄새 제거용 스프레이를 뿌리는 습관을 기르자.

방심은 금물이다. 과연 당신은 '악취가 나는 영업사원'이 아니라고 단언할 수 있는가?

69 영업용 가방을 '더러운 바닥'에 내려놓지 마라

길거리 이곳저곳에 영업용 가방을 마구 굴리는 영업사원을 자주 목격한다. 자기 목숨 다음으로 소중한 것이 영업용 가방이다. 그런데도 약속 장소에 나가서 바닥에 내려놓고 신호를 기다리는 교차로 보도블록에도 내려놓는다. 지하철 바닥에도 내려놓고 심지어 공중 화장실의 더러운 바닥에도 아무렇게 않게 떡하니 내려놓는다. 이렇듯 도난 사고에도 무방비 상태인데 하물며 영업용 가방이 얼마나 '더러운지'에 관심이나 있겠는가?

세균 덩어리로 둔갑한 더러운 영업용 가방을 목격할 때마다 나는 '저 가방을 들고 고객의 집에 들어가서 카펫이나 마룻바닥에 내려놓겠지? 어쩌면 가방을 소파나 테이블 위에 올려놓고 열지도 모르겠군. 내가 고객이라면 정말 끔찍하겠다'는 생각을 한다. 이런 영업사원이 집에 들어오는 것은 달갑지 않다. 문 앞에서 적당히 인사만 나누고 돌려보내고 싶다.

분명히 당신은 영업용 가방의 바닥이 얼마나 더러운지, 고객은 별 관심을 보이지 않을 거라고 생각할 것이다. 또는 나처럼 유별나게 깔끔을 떠는 성격의 소유자는 보기 드물다며 대수롭지 않게 여길지도 모른다. 성실한 본인은 이해할 수 없다며 마음에 담아두지 않을지도 모른다. 하지만 잠깐이라도 고려해 보길 바란다. 깔끔한 고객은 '더러운 당신'을 꿰뚫어 보고 있다.

영업 가방과 영업사원의 '청결도'에 민감하다. 가방 바닥에 조금이라도 먼지가 묻었다면 그대로 '아웃'이라고 생각하는 편이 좋다. 두 번다시 그 고객의 집 문턱을 넘을 수 없게 될 것이다. 무언의 '출입 금지'가 운명처럼 기다리고 있을 것이다.

인터폰을 누를 때에 현관 앞의 땅바닥이나 마당에 영업용 가방을 내려놓아서도 안 되고 현관에 들어서서 구두를 벗을 때도 발밑에 내려놓아서도 안 된다. 최소한의 예절이다. 가끔 열심히 끌고 다니던 캐리어를 안고 고객의 집에 들어가는 영업사원이 있는데, 이 또한 금지 사항이다. 영업용 가방이라면 수건이나 물티슈 등으로 닦을 수 있지만캐리어 바퀴에 묻은 오물은 떼어내기 어렵다.

생명보험 영업의 세계에서는 이제 고객 상담을 진행할 때에 손수건위에 영업용 가방을 놓는 것이 기본이다. 하지만 그 전에 '더러운 물건' 자체를 고객의 집에 반입해서는 안 된다.

그런 섬세한 배려야말로 톱 세일즈맨이 되기 위한 첫걸음이라는 사실을 명심하길 바란다.

70 10년 후의 자신에게 보낼 '투자'를 빼먹지 마라

'시대의 흐름을 타며 승승장구하는 영업사원을 중심으로 돈이 흘러 간다'는 법칙이 존재한다.

당신도 알 것이다.

돈도 사람도 유용하게 쓸 줄 아는 영업사원에게 몰려드는 법이다.

그런데 돈을 유용하게 미래에 투자하지 않고 고스란히 고인 연못에 모아두면 썩고 만다. 돈이 썩으면 당신의 영업사원 인생도 썩게 되므 로 주의해야 한다.

돈은 큰 강물처럼 청류로 계속 흘러가야 한다.

따라서 지금부터 미래의 당신에게 많은 돈이 흘러드는 구조를 만들 어두자.

모은 돈에도 '유통기한'이라는 것이 있다. 돈을 모으는 데만 집착하 다 보면 결국 돈에 질질 끌려다니고 좇기는 등 평생 돈의 노예로 살 수 밖에 없다.

그래서 인색한 영업사원은 도태되고 마는 것이다. 자신을 돈에서 해 방시켜라.

장기적인 비전을 갖고 '자기 투자'를 하라.

당신이 고생해서 번 '소중한 돈'을 여행시키는 것이다. 10년 후의 자신에게 투자한다는 생각으로 시대의 흐름에 필요한 스킬과 지식을 익힌다.

지금 뿌린 씨앗이 10년 후에 반드시 꽃을 피우고 좋든 싫든 본인에게 되돌아올 것이라고 믿는다.

참석하고 싶지 않은 친목회나 사교 모임 등에 돈과 시간을 낭비하지 마라.

거기에는 장기적인 비전이 없기 때문이다.

당신에게 필요한 판단 기준은 10년 후, 20년 후의 자신에게 투자 효과가 나타느냐 아니냐다.

당신이 현재 준비하고 있는 자격시험이나 참석하려는 세미나는 진정으로 장래의 당신에게 도움이 되는가?

당신이 현재 사귀고 있는 술친구나 친목회 사람들은 진정한 의미에서 미래의 당신에게 이익을 가져다주는가?

당신이 현재 새롭게 시작한 사업은 진정한 의미에서 내일의 당신을 성장시키는 활동인가?

곰곰이 따져보고 자기투자='미래의 자신에게 보내는 돈'을 지속하라.

71 인연이 맺어질 때까지 '미래의 씨앗'을 계속 뿌려라

우수 고객과의 만남을 늘리고 싶다면 '미래의 씨앗을 지속적으로 뿌리는 것' 외에는 달리 방법이 없다. 즉 끊임없이 시장을 창출해야 한다.

무작정 쳐들어가는 영업만으로 30년 이상이나 성공의 자리를 지켜온 영업사원을 나는 본 적이 없다. 설령 어딘가 존재한다고 해도 아주 극소수일 것이다.

그래서 모두가 항상 '잠재 고객=좋은 인연'의 복이 날아들기를 바란다. 하지만 지속적인 '만남'이 없으면 이런 간절한 바람은 이루어질 수 없다.

그래서 일단 우연하게 만난 한 사람, 한 사람과의 인연을 소중히 여겨야 한다. 어떤 인연으로 만났든 알게 된 모든 사람과의 관계를 유지한다. 그리고 '인연=미래의 씨앗'이 널리 퍼져나갈 것이라고 굳게 믿어야 한다. 그러는 수밖에 없다.

예를 들어 나는 직접 만나서 명함을 교환한 3,800명 이상의 사람들에게 근황과 정보를 알리는 '친구 메일'을 거의 매주 보냈다. '메일 매거진'과 비슷한 이 메일을 몇십 년이나 지속하고 있고 벌써 통산 870호를 넘겼다. 손수 긴 문장을 입력해야 해서 휴일의 반나절 이상을 할애하는데, 모처럼의 인연이고 가끔씩이라도 나를 떠올려주길 바라는 마음과 한 사람이라도 더 많은 사람들에게 도움이 되었으면 하는 바람에 손을 놓지 않고 있다.

영업 관련 선전이나 광고는 '단 한 줄'도 들어가지 않는다.

그럼에도 이 인연을 통해서 영업의 기회를 가져다주는 사람들이 차례로 나타났다. 절호의 타이밍에 고객을 소개해 주거나 시장 개척의 힌트를 알려주는 등 이루 말할 수 없을 만큼 '큰 인연=미래의 과실'을 얻었다. 그 덕분에 영업사원으로서의 내 인생이 얼마나 값지고 풍요로운 번영을 누릴 수 있었는지 당신은 상상조차 하지 못할 것이다.

그렇다고 반드시 사람들에게 메일 매거진을 보내라는 것이 아니다. 지금 당신 가까이에 있는 사람과의 인연을 소중히 여기고 돈독히 다져서 그 관계를 유지하면 된다.

어떤 인연으로 맺어진 사람에게 지금 당장 '은혜'를 받을 수 없더라도 소중하게 키운 인연은 언젠가 큰 '과실'을 맺을 것이라고 믿어야 한다.

당신이 이 믿음을 유지할 수 있다면 '그 사람과의 인연이 이렇게나 크게 발전하다니!'라며 당시에는 상상조차 하지 못했던 만남의 씨앗이 아름다운 꽃을 피우고 달콤한 '과실'을 맺는 날이 반드시 올 것이다.

72 스케줄 수첩을 구석구석 '가득' 메워라

내 스케줄 수첩은 '영업사원'의 직무에서 벗어나 관리직으로 옮겨온 지금도 그때처럼 새까맣다. 아침부터 저녁까지 스케줄이 빼곡히 들어차서 거의 여백이 없다.

이렇게 말하면 죽어라 일만 시키는 이상한 회사에 다니거나 고된 업무에 시달린다고 착각할 수도 있는데 그렇지 않다.

모두 내 의지에 의해서 스케줄이 가득 메워져 있는 것이다. 진심으로 그렇게 일하고 싶어서 스케줄을 잔뜩 집어넣는다. 한가롭게 시간을 비워두지 않으려는 습관이 몸에 밴 것이다.

그래서 나는 1년 365일 휴가가 없다. 주중에는 생명보험사 본사에 출근하는데, 여유롭게 책상에 앉아있는 일이 거의 없다. 자발적으로 전국 지사를 돌아다닌다. 도쿄에 있는 날도 저녁에는 회식이나 친목회 약속으로 바쁘다.

쉬는 날에는 집필이나 강연 활동을 해야 해서 회사원으로서 정당하게 출근하지 않아도 되는 주말과 공휴일, 유급 휴가, 장기 연휴는 꼭 챙긴다.

쉬기 위한 목적이 아니라 '일하기 위해서'이고 관혼상제 이외의 행사는 일절 거절한다. 오로지 '다음 작품! 다음 작품!'에 대한 생각으로 신작 집필에 돌입한다(본서가 12번째 작품). 즉 '투잡'을 노리는 보기 드문 본사 직원이다.

이렇다 할 취미는 없지만 가끔씩 스케줄 사이사이에 심야 영화를 즐긴다. 이동 중에 메일을 확인하거나 정보를 수집하는 것도 어떤 의미에서는 업무라고 할 수 있다. 그래서 내 스케줄 수첩은 빈틈이 없을 정도로 새까만 것이다.

일정을 앞당겨서 실행하고 더 많은 일정을 채워 넣어야 직성이 풀린다. 스케줄 수첩에 '공백'이 있으면 일단 그 공백을 메우는 데에 온 정신을 쏟는다.

이는 '전설의 영업사원' 시절에도 마찬가지였다. 하얀 공백의 면적이 많아지면 '아깝다'는 생각에 열심히 수첩을 메워 나가는 나날을 보냈다.

지금 돌이켜보면 성공의 비결은 스케줄 수첩을 가득 메우려고 열심히 노력했던 것밖에는 없다는 생각이 든다. 아니, 그것만이 비결이라고 단언할 수 있다.

내일부터 당신도 우직하게 스케줄 수첩을 구석구석까지 가득 메울 생각을 하고 열심히 영업에 임하라. 그러다 보면 언젠가 쉴 틈조차 없는 잘나가는 사업가로 변신해 있을 것이다.

73 '사내 영업'에도 최선을 하라

'자기만의 방식이 있다'는 듯이 과한 자신감을 드러내고 납득이 가지 않을 때는 사장이든 상사든 누구든 개의치 않고 덤빈다. 마치 한 마리의 승냥이처럼 단호하게 체제에 굴하지 않는 영업사원이 있다.

프로로서 숭고한 '고객 제일주의'를 표방하기에 '사내 영업이 웬 말'이라며 관련 부처에 온갖 애교를 떨고 다니는 사람을 혐오한다. '사내 영업'에 능숙한 직원은 인간으로서 실격이라고 매도하기도 한다.

물론 사외 영업도 변변히 하지 못하면서 사내에서 아첨을 떤다면 '윤리 위반[淪落]'이라는 낙인이 찍힐 수밖에 없다. 하지만 '사내 영업'이 과연 그렇게 나쁜 것일까?

보통 '사내 영업'이라고 하면 타협적으로 조직에 굴복하는 이미지가 강한데, 사실 '사내 영업'은 아첨을 떠는 행위도 아니요, 상사에게 알랑거리는 행위도 아니다.

결재권을 가진 상사의 승인을 얻지 못하면 자신의 영업 스타일을 유리한 쪽으로 밀고 나갈 수 없고 꾸물거리고 있다가는 고객에게 피해가 갈 수도 있다.

따라서 윗선의 기분을 맞추는 것도 어떤 의미에서는 훌륭한 영업이다. 때로는 참석하고 싶지 않은 친목회에 참석하는 것도 필요하고 상사에게 착실하게 충성을 다하는 것은 영업사원으로서 필수 능력이다.

모든 사전 작업이야말로 영업사원으로서의 '궁극적인 교섭 전략'이기도 하다.

사내 구성원은 상사만이 아니다. 영업팀의 동료를 비롯해 사무 보조, 경리, 홍보 등 다른 부서 직원들, 임원 비서, 접수 담당자, 지원 센터, 그밖에 열심히 뛰어다니는 신입사원, 청소부 아주머니도 있다. 이들에 대한 배려와 염려는 자신의 영업 활동에 윤활유로 작용할 것이다.

'사내 영업은 부패한 영업사원이나 하는 행위'라고 손가락질하며 거만한 태도로 위엄을 떠는 것은 어린아이와 같은 자기 어필이고 어리광 심리의 표출에 지나지 않는다.

'사내 영업'은 사내 구성원과의 친밀한 대화를 나누고 이해와 협력을 구하는 활동이다.

영업에는 안팎이 없다. 언제, 어디서든, 어떤 상황에서든 영업사원은 영업사원이다.

사내 구성원에게 영업도 못하는 사람이 사외에서 어떻게 영업을 할 수 있겠는가?

그러니 이제부터 성심성의껏 '사내 영업'에 힘써보길 바란다.

74 가족에게 '푸념' 하지 마라

영업에만 죽자 사자 매달리다 보니 가족을 제대로 돌보지 못한다. 그로 말미암아 가정이 파탄에 이르러 결국 일에 부정적인 영향을 미치는 경우가 있다.

일과 가정의 양립은 영업사원이 풀어야 할 영원한 과제라고 할 수 있다. 일을 위해서 사랑하는 가족이 불행해지는 것은 본말전도가 아닐까? 과연 진정으로 지켜야 할 소중한 존재는 누구일까?

깊은 애정과 배려는 마음속에 담고만 있어서는 상대방에게 전달되지 않는다. 영업용 미소 이상의 웃는 얼굴과 성실한 서비스 정신으로 가족을 대해야 한다. 농밀한 대화와 그에 수반되는 '사랑의 실천'이 필요하다. 이는 두말할 필요도 없을 것이다.

일을 핑계로 사랑하는 가족을 희생시키는 것은 영업사원으로서도 인간으로서도 결코 해서는 안 되는 난폭한 행위다. 가족에 대한 사랑을 행동으로 옮기지 못하는 사람이 직장 동료나 고객을 인간애를 갖고 대할 수 있을까?

그렇다고 어설픈 가족 서비스만으로는 결코 행복해 질 수 없다. 또한 이와 반대로 가정을 속죄양으로 일을 업신여겨서도 안 된다.

예를 들어 가짜 육아남이 그렇다. 이들이 뒤집어쓴 탈을 벗기면 나

태한 본연의 모습을 볼 수 있다. 가정 도피형의 게으름뱅이도 실격이
요, 가정 희생형의 일벌레도 실격이다.

애초에 당신은 '자신이 제일 잘났다'는 고매한 착각을 하고 있지 않
은가? 유감스럽게도 그렇다면 당신은 가족에게 경멸을 당하고 고독해
질뿐이다.

집안의 기둥으로서 위엄적인 자세로 설교를 늘어놓는 장본인이 '푸
념을 늘어놓고 능동적이다', '약속을 지키지 않는다', '제멋대로 군다',
'불공평하고 불건전한 것도 모자라 도덕관도 없다', '방만한 태도와 신
념 없는 삶을 산다' 등 '최악의 인간'이라는 주홍글씨가 낙인찍힌다.

영업 방문처나 직장에서는 어떡하든 인격자인 것처럼 연기하다가
집에 돌아오자마자 '인간쓰레기'로 변신하고 마는 것이다. 가정에서의
안락과 편안함은 더러운 인간성을 폭로하는 것이 아니다. 자기중심적
이거나 제멋대로 구는 행동은 가족 누구라도 따르지 않는다.

자, 이제부터는 가족에게 본보기가 되도록 하자. 자신이 자기 스스로
를 존경할 수 있는 행실을 보일 수 있도록 마음을 다잡고 항상 노력하자.
가정은 고결한 인간성을 기르는 장(場)이다. 당신의 건전한 삶의 방식이
가정을 행복으로 이끌고 영업사원으로서의 인생을 번영시킬 것이다.

75 과거를 뒤돌아보거나 미래를 걱정하지 마라 '지금'을 살라

내가 온갖 단련을 받으며 걸어온 생명보험 업계는 '강인한 정신력'이 없으면 살아남을 수 없다.

그런데 실상은 나약한 정신력에 휘둘리며 매일 악전고투하는 영업 사원이 적지 않다. 비교적 시간을 자유롭게 쓸 수 있는 근무 환경 탓에 카페에서 멍하니 이런저런 생각을 하다가 하루를 그냥 흘려보내는 경우도 흔하다.

이런 사람은 대개 '과거'를 후회하거나 '미래'를 걱정하거나 둘 중 하나에 해당한다. '현실 도피'라는 이름의 '타임머신'을 타고 과거와 미래를 왔다갔다한다.

사실 이런 식으로 현실 도피의 세계를 배회하기 시작하면 정신은 큰 타격을 입는다.

그래서 나는 '이런 사람을 돕고 싶다. 구하고 싶다'는 일념 하에 타임머신에서 하차하는 멘탈 트레이닝을 실시해 왔다.

지금 이 순간에 '의식이 멀어지는 시간'을 얼마나 없앨 수 있느냐가 세일즈 파워를 다시 살리는 열쇠가 된다. 역시 마음에도 '진짜 휴식시간(break time)'을 줘야 한다. '지금 눈앞의 현실 세계'에 있을 때에만 마음은 휴식을 취할 수 있다.

새로운 에너지를 창출하려면 무의식을 '의식화'해야 한다. 예를 들어 신체 각 부위를 의식하며 '스트레칭'을 한다. 발바닥을 의식하며 '걷는다', 자세를 똑바로 하고 '심호흡'을 한다. 식사할 때는 '밥 먹는 것'에만 전념한다. 왼손, 오른손 열 개의 손가락에 감사한다.

'바람'을 피부와 마음으로 느낀다. '잡음'에도 귀를 기울인다. '하늘'의 청명함을 느낀다. '냄새와 향기'를 의식한다. 생명의 원천인 '물'에 감사하며 마신다.

'약속 시간'을 엄중하고 지금을 의식한다. '텔레비전'을 끄고 머리와 마음을 비운다. 주변을 '정리정돈'한다. 어떤 '사물'에 대해서도 경의를 갖는다. '어', '저기' 등의 단어를 사용하지 않고 천천히 말한다.

타인을 배려하고 '친절'하게 대한다. 타인의 장점을 의식하고 '칭찬'한다. '긍정의 일기'를 쓴다.

나이를 거스르지 않고 '제행무상(諸行無常)'을 깨닫는다. 고통 속의 '자그마한 행복'을 깨닫는다. '오늘이 인생의 마지막 날일지도 모른다'는 각오로 산다.

이처럼 '지금이라는 순간의 연속'을 의식하는 훈련을 지속하면 정신력이 강해진다.

CHAPTER 04

SPRITS

신(神)정신

인간에게 그 인생은 작품이다.

시바 료타로 司馬遼太郎

•

타인에게 피해를 끼치지 않는 '욕망'은 모두 선(善)이다.

후쿠사와 유키치 福澤諭吉

•

우리는 필연을 업고 태어나 운명과 만난다.

이츠키 히로유키 五木寬之

76 하루 종일 머릿속을 '그 일'로 채워라

성공한 사람의 생각은 단순히 '생각'이 아니라 '염원'이라고 써야 한다. 그래야 이해가 될 정도로 '항상 마음에 두고 생각하는 힘'이 보통이 아니다.

실현하고자 하는 '그 일'을 하루 종일 생각한다.

1년 내내 '그 일'에 생각을 집중시켰던 성공한 사람은 '그 일'을 위해서 무엇을 해야 하는지 등 모든 생활이 '그 일'을 위해서 성립되고 '그 일'을 실현하기 위해서 스케줄을 짠다.

사람을 만나는 우선순위조차 '그 일'에 도움이 되는지,

'그 일'에 협력자가 되어줄 사람인지를 진지하게 판단한다.

'그 일'에 관련된 책을 섭렵하고 '그 일'과 관련된 정보란 정보는 죄다 긁어모은다.

한시도 '그 일'이 머리에서 떠나지 않는다. 옷을 갈아입을 때도, 이를 닦을 때도, 목욕을 할 때도, 출근길의 지하철이나 자동차 안에서도, 동료와 시시껄렁한 농담을 주고받을 때조차도 '그 일'이 머릿속을 지나간다.

'그 일'에 관한 꿈을 여러 번 꿀 정도로 자나 깨나 머릿속은 온통 '그 일'로 가득하다.

삼시세끼보다 '그 일'이 더 중요하다. 설령 식사 중이라도 마음은 항상 '그 일'에 가있다. '그 일'을 반찬으로 밥을 세 공기나 더 먹을 수 있을 정도로 말이다.

무엇보다 '그 일'을 생각하는 것만으로 두근거리고 설렌다. '그 일'을 생각할수록 웃음이 나고 구름 위를 걷는 기분이다.

자, 어떤가?

이 정도로 하루 종일 '그 일'을 생각하는데, '그 일'이 이루어지지 않고 배기겠는가?

'그 일'은 영업을 통해서 이루고 싶은 인생의 목표, 달성하고 싶은 영업의 목표, 성취하고 싶은 자리, 손에 넣고 싶은 고액의 보수, 콘테스트에서의 상위 입상, 전대미문의 신기록, 고객과의 양질의 관계, 동료와 맹세했던 비전, 신규 프로젝트의 성공 등일 것이다.

당신도 진심으로 '그 일'을 이루고 싶다면 아니, 염원하다면 하루 24시간, 1년 365일 '그 일'로 머릿속을 가득 채워라.

<u>내가 아는 성공한 사람들은 모두 '○○바보'라고 불릴 정도로 '그 일'에 흠뻑 빠진 '집념의 사람'뿐이다.</u>

77

탐욕스러운 '욕망'과 정직하게 마주하라

　요즘은 과욕하지 않는 스마트한 영업사원이 늘었다. 그들은 욕심을 부리지 않고 '그럭저럭' 먹고 살 정도의 생활만으로도 행복하다고 말한다.

　그런데 정말로 만족스러울까? 늘 '적당한 선'에서 포기하면 편하기는 하겠지만 당신의 레벨은 절대로 올라가지 않는다.

　인간의 본래 타고난 탐욕스러운 '욕망'에 등을 돌림으로써 성장이 멈췄다는 사실을 직시해야 한다. 목표 달성형의 '탐욕스러운' 영업 스타일 속에서 이리저리 시달리며 고군분투하기에 자기 성장의 기회가 있는 것이다.

　당신은 목표를 향해서 액셀을 밟으면서 그와 동시에 '자신에 대한 배신'이라는 브레이크를 밟고 있지 않은가? 마음속에서 욕망이라는 이름의 엔진이 비명을 지르고 있지 않은가?

　이제부터는 '좀 더 팔겠다'는 행위에 브레이크를 거는 '위선자'를 운전석에서 하차시켜야 한다.

　영업에도 봉사 정신이 필요하지만 유감스럽게도 영업은 자원 봉사는 아니다. 이익을 올려야 한다는 목적이 있다. 그런 중요한 '목적'을 외면하고 거짓의 가면을 쓴 자기만족으로 어물쩍 넘겨서는 안 된다.

그런 무욕적인, 아니 '무욕이고 싶은' 영업사원의 실적은 당연히 내리막길을 걸을 수밖에 없다.

가난을 등에 업고 살아가는, 그런 자신에게 도취되어 있는 것이다. 인생에 돈이 전부는 아니지만 빈곤은 역시 불행하다.

이 세상에 단 한 명뿐인 자신과 무엇과도 바꿀 수 없는 소중한 가족에게 넉넉한 삶을 제공하지 못하는데 다수의 고객을 풍요롭게 할 수 있겠는가?

상생(WIN-WIN)의 세계는 '욕망과 정직하게 마주한다'를 전제로 삼는다. 이런 전제가 없는 상생은 허구다. 욕망을 포기한 당신이 만들어 낸 '위안의 세계'일 뿐이다.

탐욕스러운 욕망과 마주하는 정신력으로 전환하면 당신은 매사에 적극적으로 임하게 될 것이다. 지위를 얻는 것도, 경쟁에서 이기는 것도, 물론 돈을 버는 것도 말이다. 당신만 이득을 보더라도 '당연한 보상'이라며 떳떳할 수 있다.

자신만만하게 성공하는 영업사원은 모두 그렇다. 그러니 고객의 앞에서도 소극적이거나 지나친 겸손을 떨지 않는다. 정정당당하게 '탐욕스러운 자세'로 거침없이 영업을 펼친다.

78 '포기 시나리오'를
찢어버려라

수상식 단상에서 스포트라이트를 받는 것은 늘 고정된 멤버이고 승자와 패자가 바뀌는 일은 거의 없다. 궁지에 처한 대타(보궐) 멤버는 '이번에야말로!'라며 목표에 도전하지만 그때마다 벽에 부딪혀 결국은 도태되고 만다.

패자 그룹에 속하는 이들은 능력이 턱없이 부족하거나 말도 안 되는 게으름뱅이일까? 어느 쪽도 단언할 수 없다. 실적을 달성하지 못하는 이들은 능력면에서 큰 차이가 나는 것도 아니요, 행동면에서 나태한 것도 아니다.

이들을 자세히 분석한 결과 알게 된 사실이 하나 있다. 바로 실적 부진의 원인이 이들 스스로가 '달성하지 않겠다는 것을 이미 정하고 있다'는 경악할 만한 사실에 있었다.

'세상에 그런 바보가 어디 있느냐'며 믿지 않을 수도 있겠지만 목표를 달성하지 못하는 이들은 '포기하는 이유'와 '포기하는 도달점'을 스스로 정한다.

어쩌면 당신에게도 경험이 있을 것이다. 가슴에 손을 얹고 곰곰이 생각해봐라.

겉으로는 목표를 향해서 열심히 달려가고 있지만 때로는 그것이 단순한 '제스쳐'가 되고 마는 경우를 본인만 미처 깨닫지 못하고 있는 것은 아닌가?

마음속 어딘가에서 '여기까지만 하고 그만두자'라며 '포기 이유'를 처음부터 설정하고 있지 않은가? '포기 도달점'을 미리 정해두고 있지 않은가? 모든 것은 당신의 계획대로다.

'마감 2주 전까지 안 되면 캠페인 입상은 포기하자'

'경쟁자 B가 앞서나가면 그만두자'

'하계 상여금이 나올 때까지 실적이 부진하다면 그만두고 이직하자'

이런 식으로 당신은 못하는 이유를 구체적으로 설정해두고 '달성하지 않겠다고 미리 정하는 것'이다. 도대체 이게 무슨 해괴한 짓인가? '변명'의 대사를 비롯해 하나에서 열까지 '미달성의 스토리'가 이미 완성되어 있다니 말이다.

처음부터 안이한 '포기 목표를 설정'해 두고는 달성하지 못했을 때에 빠져나가 숨을 구멍을 만들어 놓고 있으니 한계를 돌파할 수 있겠는가?

당신이 추구하는 '미달성'이라는 바람에 맞서서 실제로 그런 결과가 나오기 전에 당장 '포기 시나리오'를 찢어버려라.

79 결과를 추구하는 '용기'를 갖고 흑백을 가려라

나에게 날아드는 고민 상담의 90% 이상이 '인간관계에 대한 고민'이다. 금전 문제나 건강도 따지고 보면 인간관계에서 기인하는 경우가 많다.

인생도 영업도 상대(고객)가 존재하기에 성립한다. 인간관계에 따라서 결과가 크게 좌우된다. 그렇다고 단순히 표면상의 인간관계를 개선해봤자 진정한 의미의 해결에는 도달하기 어렵다.

인생에서 소중한 것은 명백한 '결과'다.

'결과'에는 업무상의 구체적인 성과 혹은 배우자와의 행복한 삶, 부모와 자식 간의 건전한 관계, 심신의 건강, 만족스러운 수입과 통장 잔액 등이 있다.

매사에 목적을 향해서 '인생의 영업 실적'을 중시하는 삶을 추구하는 것이야말로 행복한 인생을 보내기 위한 해결책이다. '영업을 제압하는 자는 인생도 제압할 수 있다.'

우리는 이 세상에 울면서 태어난 그 순간부터 모두 영업사원이다. 영업이란 그야말로 '인생의 축소판'이다.

그렇다면 우리가 '행복해지기 위한 영업 활동'을 방해하는 요인은 도대체 무엇인가?

바로 우리들 마음속에 존재하는 '두려움'이다. 앞으로 한 발을 내딛어 '영업을 펼칠 용기'만 있었다면 '인생의 목적을 실현할 수 있었다', '가정 문제를 해결할 수 있었다', '연애가 전혀 다른 방향으로 흘러갔을 텐데'라는 수많은 후회가 당신에게도 있지 않은가?

이제는 '두려움 그 자체'를 두려워해야 한다. 항상 흑백을 가리는 자세를 소중히 여겨라. 행복을 손에 넣으려면 영업의 세계처럼 '결과를 추구'하는 용기가 필요하다.

만일 당신이 용기가 없어서 앞으로 세게 밀고 나갈 수 없다면 상대방 또한 마음의 문을 열어 주지 않는다. 무슨 생각을 하는지 알 수 없는, 서로의 속마음을 떠보는 스트레스가 인간관계에 커다란 벽을 만든다.

용기란 고객을 위해서, 동료를 위해서, 가족을 위해서, 타인을 위해서 써야 한다. 남을 구제하기 위해서라면 좀 더 적극적으로 밀고 나가야 한다.

소중한 고객이나 사랑하는 사람을 위해서 용기를 내면 그 용기는 나중에 자신을 위한 실적이 되고 자신감이 되어 돌아온다. 그리고 더 큰 용기와 더 큰 동기를 부여해 준다. 영업을 성공으로 이끌어 주는 것이 용기인 것처럼 인생을 행복으로 이끌어 주는 것 역시 용기다.

80 바람을 읽는 영업 게임을 '평정심'으로 조종하라

영업에는 기복이 있다. 어느 정도 호조와 부조가 존재하는 것은 어쩔 수 없지만 가능하면 누구나 호조세를 유지하고 싶어한다.

실적 우수자는 매달 실적 달성의 파도를 타려면 어떻게 해야 하는지, 즉 '바람의 방향을 읽는' 능력이 탁월하다. 어디의 어느 고객까지 영업을 하면 실적을 달성할 수 있는지 천재적인 판단력으로 확실하게 회수해 낸다. 즉 '냄새'를 잘 맡는다.

앞으로 당신도 불어오는 '바람의 흐름'을 조종할 수 있어야 한다.

예를 들어 마작이라는 4인 게임이 있다. 4명이 동서남북의 자리에 앉아서 동쪽에서 북쪽 방향으로 친(親)이 두 번 돌 때까지의 점수를 서로 빼앗는 게임이다. '바람의 흐름'을 어떻게 해서 자기 쪽으로 유리하게 불게 할 것인지가 승패를 좌우하는데, 적은 그리 간단히 져주지 않는다.

여담이지만 한참 옛날인 대학생 시절에 나는 프로 마작 기사의 유망주였던 적이 있다. 그 이유는 야구로 치면 역전 만루 끝내기 홈런과 같은 '더블 역만(役滿)'이라는 매우 보기 드문 '기적의 한 수'를 여러 번 선보이며 프로 기사를 상대로 이겼던 '훈장'이 있기 때문이다.

영업과 마작은 매우 비슷하다. 예를 들어 영업 중이든 마작 게임 중이든 여러 번 선택의 기로에 서게 되는데, 그때마다 빠른 결정을 내려야 한다. 그 판단에 따라서 성패가 갈리는데, 결과에 일일이 일희일비 한다면 버틸 수 없다.

냉정하게 결과를 받아들이고 항상 '평정심'을 유지할 수 있는 '강인한 정신력'을 지닌 사람이 승리한다. 패자는 본인의 예상과 다른 나쁜 결과가 나오면 욱하는 마음에 평정심을 잃고 만다. 또는 '오늘은 운이 없다'며 한탄하고 낙심한다.

가뜩이나 궁지에 몰려있는데, "○○씨는 항상 강한데 오늘은 정말이지 운이 없네요. 안쓰러울 정도로 운이 안 따르는 군요"라는 말을 들으면 더욱 초조해져서 속으로 끙끙 앓는다. 그리고 게임의 흐름을 놓치고 만다.

한편 모든 상황에서 오로지 '달리자'며 사려심이 부족한 사람도 승리하지 못한다. 평정심을 갖고 기다리면서 '바로 이때다' 싶은 타이밍에서 기어를 올릴 수 있는 사람이 승리한다.

<u>평정심을 갖고 게임을 즐길 수 있다면 '승패의 갈림길'이 명확히 보일 것이다. 또한 게임의 흐름을 탔다면 단숨에 밀어 붙여야 한다.</u>

승패의 흐름을 조종할 수 있는 게임은 그야말로 '영업의 축소판'이자 '인생의 축소판'이다.

81 안정과 집착을 버리고 '미학'을 추구하라

인내의 노력이 열매를 맺고 그 나름의 영업 포지션과 보수를 손에 넣게 되면 이제는 그것을 놓치고 싶지 않을 것이다. '이 상태로, 이대로 쭉'라며 자그마한 성공에 안주한 채 평범한 업무에 만족한다.

예를 들어 오랫동안 고생해서 확립한 영업 스타일이나 경험을 통해서 축적한 지식과 스킬, 꾸준히 넓혀온 인맥과 시장, 치열한 경쟁에서 얻어낸 영업 매니저의 자리, 열심히 쌓아올린 실적의 결과인 안정된 고액 연봉 등을 그대로 유지하고 싶을 것이다.

뼈를 깎는 각고의 노력으로 도달한 무대일수록 당신은 현재 상태에 빠져 있고 싶을 것이다. '이제는 편해지고 싶다'는 기분을 이해 못하는 것은 아니다.

하지만 영업의 세계는 늘 끊임없이 변한다. 제행무상의 세계다. 평온한 일상이 영원히 지속되지 않는다.

당신이 적정한 선의 영업 실적에 만족하며 현재 상태를 그대로 유지하려고 방어 자세로 돌아선 순간, 그때부터 모든 것은 하향세를 타기 시작할 것이다.

한번 올라선 성공의 무대에서 당신을 자동적으로 그다음 무대로 점프시켜줄 만큼 영업의 세계는 그리 녹록지 않다. 성공의 무대로 데려다 주는 승강기를 탔다고 생각하겠지만 지금 당신이 멍하니 서있는 곳은 '냉혹하고 비정한 계단의 충계'라는 사실을 깨달아야 한다.

작은 성공에 안주하고 싶은 심층 심리에는 '방심'이라는 악마가 기생하고 있다.

그 악마를 내쫓으려면 피노키오처럼 길게 자란 거만한 코를 자신의 손으로 직접 꺾고 나태하게 늘어진 몸에 채찍질을 가하는 수밖에 없다. '마음속의 표창장'을 죽죽 찢어버리고 안주하며 매달렸던 '과거의 영광'과 결별해야 한다.

나는 안정을 추구하기 시작하면서 서서히 도태되었던 영업사원의 말로를 직접 목격해왔다. 몸을 사리며 안주하는 삶의 끝에는 끔찍한 결말이 기다릴 뿐이다. 이는 깊은 함정과도 같다. 당신은 어두운 감옥 속에서 노예처럼 살고 싶은가?

현재 상태에 만족하고 안주할수록 '그때'는 더 빨리 다가온다. 하지만 그때가 왔을 때는 이미 때는 늦으리다. 돌이킬 수 없다.

그런 삶을 바라지 않는다면 현상을 유지하고자 하는 마음을 '과감하게 버리는 결단'을 내리고 자신을 모두 소진할 때까지 열심히 사는 수밖에 없다. 이것이 바로 영업사원의 미학이다.

82

불퇴전의 결의를 다지고 '배수의 진'을 쳐라

진짜 목표 외에 '최소한의 목표'라는 또 다른 낮은 목표를 설정하는 '잔꾀에 능한 영업사원'이 있다. 결국 대개의 경우 낮은 쪽의 목표로 의식이 흘러가서 그것이 최종 목표가 된다.

이런 목표 미달성의 지옥에서 해방되려면 방법은 단 한 가지, 바로 '도피로'를 만드는 당신의 본심을 정직하게 인정하고 그 길을 막는 것이다.

자신의 실력을 좀 더 믿어 보는 것은 어떨까? 이제 '포기의 미약(媚藥)'에 취해서 편해지는 것은 관두자.

당신이 진심으로 손에 넣고 싶은 타깃은 무엇인가?

그것을 반드시 '달성하겠다'고 결심하자. '변명도 무용지물', '회피도 엄금', '정당화도 금지'라고 맹세하자. 그렇다. 불퇴전의 결의를 다지는 것이다. 철저하게 '배수의 진'을 치는 것이다.

애초에 대충 다짐하기에 실패하는 것이다. 결의를 다질 때는 단단히 각오해야 한다. 마음을 단호하게 먹자.

어떤 실패를 저지르더라도 절대 후회하지 않겠다는 전제로 결의를 다지는 것이다.

퇴로를 열어 두고 언제라도 되돌릴 수 있다고 생각하는 영업사원은 뒤만 바라볼 뿐, 올바른 방향으로 나아가지 못한다. 위험을 감수하며 퇴로를 굳게 닫아걸고 전진하는 영업사원만이 후회 없는 인생을 살 권리를 얻을 수 있다.

'이랬으면 좋았을 텐데', '이렇게 했더라면 좋았을 텐데'라고 후회하는 일상에서 이제 벗어나자.

뒤돌아보는 일 없이 퇴로를 차단하면 당연히 앞으로 나아갈 수밖에 없지 않은가?

목표와 희망을 명확하게 이미지화해서 종이에 적고 단호한 마음으로 돌이킬 수 없다고 외치면서 앞으로 나아간다. 매일 아침, 저녁으로 가족과 친구, 고객에게도 '이야기'한다. 이동 중이나 목욕할 때도 '자신을 세뇌'한다. 이럴 정도로 목표를 명확히 했다면 일심불란(一心不亂), 즉 모든 잡념을 떨쳐버리고 오로지 앞만 보고 목표를 향해서 돌진하자.

목표가 정해졌다면 그 목표를 이룰 방법은 얼마든지 있다. 고난과 역경이 앞을 가로 막는 것은 예상 가능한 일이 아닌가? 고난과 역경을 해결하는 방법은 반드시 있다.

진심으로 결의를 다졌다면 그 순간 목표는 달성된 것이나 마찬가지다.

83 '지금 서 있는 곳'을 깊게 파라

자기 뜻대로 성과가 나오지 않거나 일이 잘 풀리지 않으면 주변 환경을 바꿔서 곤경에서 벗어나려는 영업사원이 있다. 단기적으로 이직을 반복하는데 결국 상황은 나아지지 않는다.

대개의 경우 이 직장, 저 직장을 전전하다가 막다른 길에 내몰리고 상황은 악화의 일로를 걸을 뿐이다. 처한 환경을 바꾸려고 다른 곳으로 옮겨봤자 또 다시 비슷한 문제로 골머리를 앓을 뿐이다. 직장을 옮긴다고 해서 이 세상의 지옥이 꿈같은 천국으로 반전될 것이라고 생각하는 사람이 있을까?

그저 그 자리에서 '도망치고 싶은 것'이 아닐까?

'자아 찾기'의 도피행에 나선 채 방랑 생활을 지속하는 사람이 있는데, 이런 수동적인 사고로 자아를 찾는다며 동분서주해 봤자 진정한 자신은 찾을 수 없다. 또한 자신의 형편에 맞는 안성맞춤의 자리도 찾을 수 없다.

그렇다면 '못해 먹겠다'며 도망치기 전에 지금 자신이 서 있는 곳을 깊게 파보는 것이 어떨까?

환경을 탓하기 전에 '한 번 해 보겠다'는 일념으로 자신의 영업 스타일을 밀어 붙여 보는 것이다.

이런 환경에서도 어떻게 노력하느냐에 따라서 보물을 발견할 수 있을지도 모른다는 가능성을 믿고 지금 서 있는 곳에서 자신을 창조하는 노력을 해보자.

문제는 당신과 직장의 궁합도 아니요, 적성도 아니다. 문제는 당신의 마음가짐과 자세다.

'지금 서 있는 곳'의 진실과 마주하고 혁신을 향해서 매진해야 한다.

그런데 과감하게 눈앞의 문제를 직시하려면 적어도 끈기와 용기가 필요하다. 웬만하면 도망치고 싶은 당신의 감정을 이해 못하는 것은 아니다.

'남의 떡이 더 커 보인다'는 속담처럼 다른 환경이 더 좋아 보일 수 있다. 하지만 결코 남의 떡은 더 크지 않다.

지금까지 당신이 파보려 하지 않았던, 그 장소야말로 당신이 '있어야 할 곳'이라고 믿고 채굴에 도전해 보지 않겠는가?

또한 그곳에서 영업사원의 인생을 완수한다는 각오를 다져보는 것은 어떤가?

그곳에 '뼈를 묻겠다는 각오'야말로 당신의 영업사원 인생을 풍요롭게 해줄 것이다.

84 '위안을 주고받는 동료'와는 반드시 연을 끊어라

당신의 영업 활동을 매일 관리하고 감독하는 사람은 새삼 언급할 필요도 없겠지만 이 세상에 단 한 명, 바로 당신 자신이다. 그렇다면 당신은 자신에게 상사로서 '누구와 가깝게 지낼 것인가'라는 우선순위를 고려해서 '지도와 지시'를 내리고 있는가?

팀원과의 교류, 거래처 관계자와의 미팅, 영업 방문처에 대한 접근, 업계 관계자와의 정보 교환, 사내 각 부서와의 연계 등 이런 사람들의 인간적인 수준까지 파악해서 주체적으로 상대방을 선택하고 있는가?

'어디까지나 필요에 의해서 만난다', '전례를 따라서 만난다', '권유를 받아서 만난다', '상대방이 만나자고 해서 만난다' 등 상황에 따른 판단 기준으로 '가깝게 지낼 상대방'을 결정하고 있지는 않은가?

말해두지만 이를 우습게 봐서는 안 된다. 수준이 낮은 상대방과의 무익한 업무는 당신의 노력을 소멸시키는 부정적인 힘을 갖고 있다. 반드시 주의해야 한다. 어떤 사람과 가깝게 지낼 것인가의 판단에 따라서 당신의 영업 실적은 100배 이상 오를 수도 있고 100분 1로 곤두박질칠 수도 있다.

물론 일하다 보면 피할 수 없는 관계도 있기는 하다.

하지만 그런 어쩔 수 없는 인간관계도 당신 자신이 끌어당긴 것이라면 어떤가? 영업 실적이 떨어졌을 때는 실적이 우수한 사람보다 실적이 부진한 사람과 어울리기 쉽다. 서로의 '불행을 공유'할 수 있기 때문이다. 서로의 상처를 보듬어 주는 것이다.

이와 반대로 정상에 오른 사람은 반짝반짝 빛나기에 눈이 부셔서 쳐다볼 수 없다. 질투심과 부러움, 콤플렉스 등의 복잡한 감정이 교차하고 이내 마음속 어딘가가 불편해진다.

그래서 무의식중에 불행한 쪽으로 이끌리고 마는 것이다.

그렇다고 사람을 차별해서 사귀라는 뜻이 아니다. 불행한 사람을 격려해 주고 상담해 주고 응원해 줄 수 있다면 그것으로 족하다. 문제는 당신의 상태다.

자신보다 불행한 사람을 얕보거나 나약한 사람을 조롱하거나 부정적인 사람에게 동조하는 등 이런 인맥은 만들어봤자 당신의 영업 실적에 부정적인 영향만 끼칠 뿐이다.

앞으로는 절대로 불행한 사람의 권유에 응하지 말고 '서로 위안을 주고받는 동료'와는 연을 끊어라.

인맥은 자기 자신을 비추는 거울이다. 반드시 거울 속의 자신을 잘 관리하길 바란다.

85 '열심히 하겠다'를 죽은말로 만들어라

열심히 노력하는 모습이 실적 이상으로 좋은 평가를 받거나 눈물겨운 노력을 격려하는 미학은 영업 업계의 존엄한 문화다. 뚜렷한 성과가 없어도 열심히 노력한 세일즈 프로세스를 잘만 증명하면 칭찬받는 경우도 있기에 실적이 부진한 영업사원에게 '열심히 하겠다'는 써먹기 좋은 편리한 말이다.

그러나 '노력하면 할수록 성공은 멀어져간다'는 아이러니한 진실에 슬슬 눈을 떠야 한다. 단순히 노력만 하려고 하고 결과를 중시하지 않는 방식을 고수한다면 영원히 실력은 늘지 않는다. 이와 더불어 성장도 없다.

이 방식에는 성과를 내기 위한 방책도 없고 그 어떤 전략과 전술도 없다. 과거의 오랜 습관과 자그마한 성공 체험에 얽매인 자기도취형의 노력가만 존재할 뿐이다.

'노력가인 자신이 좋다'는 자세로 실적이 오를 만큼 영업 세일즈는 그리 쉽지 않다.

'노력은 하고 있다, 노력할 생각이다'라는 미온적인 상태에 머물러 있는 한 밝은 미래는 그릴 수 없다.

만일 당신이 과혹한 운명을 탓할 만큼 실적 부진의 늪에 빠졌을 때는 과거 문제를 방치한 '대가'라고 생각하는 편이 좋다.

　문제 해결이나 목표 달성을 위해서 효과적으로 노력을 했는지가 중요하지 노력 그 자체는 큰 의미가 없다.

　노력하는 행위 그 자체에만 열중할 것이라면 처음부터 노력하지 않는 편이 훨씬 낫다.

　실제로 '할 수 있는가? 할 수 없는가?'라는 질문에 '할 수 있다'고 대답하지 못하고 '열심히 하겠다'고 말하는 영업사원이 꽤 많다. 그 의미를 따져보면 '할 수 있다는 자신감이 없어서 할 수 있다고 명확하게 대답할 수는 없지만 최선을 다하겠다'는 뉘앙스다.

　이 얼마나 어처구니없는 말인가? 불명료한 언령(言靈. 언어에 깃든 힘)은 이 나중에 '못해도 어쩔 수 없잖아?', '노력했으니까 그걸로 됐잖아?'라는 무책임을 양산할 뿐이다.

　앞으로는 '열심히 하겠다'는 말을 죽은말로 만들어야 한다. 어떤 경우라도 항시 결과를 중시하는 결의를 말해야 한다.

　평소 입버릇처럼 내뱉었던 애매모호한 '열심히 하겠다'라는 말을 '언제까지 ○○하겠다'라는 영업 목표를 달성하기 위한 확실하고 구체적인 서약으로 바꿔야 한다.

86 '거짓된 긍정의 사고'에서 벗어나라

'낙관주의가 제일이다', '위기일 때가 최고의 기회다'라는 낙관적인 긍정의 사고를 부정할 생각은 추호도 없다. 하지만 과연 얄팍한 긍정의 사고만으로 영업의 궁지에서 벗어날 수 있을까?

사실 진심으로 위기를 기회라고 생각하는 영업사원은 희소가치가 높은 일종의 '변태'라고 봐야 한다. 지극히 평범한 낙관론의 영업사원은 '센 척 한다', '오기로 버틴다', '예상이 빗나간다'의 영역에서 벗어나지 못한다.

지극히 당연하다고 하면 당연한 결론인데, '위기는 역시 위기'다.

영업 현장의 최전선에는 반드시 낙관적이고 적극적인 성격의 영업사원만이 활약하는 것이 아니다. 오히려 소극적이면서 절제하는 듯한 '비관론자'가 높은 실적을 유지하는 경우가 적지 않다.

영업 실적이 오르지 않는 '낙천적인 사람'에게는 공통점이 있다. 바로 행동이 수반되지 않는다는 점이다. 낙관적인 말을 외치며 기분만 들뜨는 '자기 개발 마니아'는 진짜가 아니다.

행동이 수반되지 않는 거짓된 긍정론의 사람은 영원히 영업 목표를 달성할 수 없다. 언행불일치로 실천이 뒤따르지 않기에 좋을 결과를 낼 수 없다.

자기위안적인 영업 활동으로는 평생 영업 실적은 개선되지 않는다.

유감스럽게도 이들에게는 자신을 성장시켜 줄 시련에 맞서서 문제점을 객관적으로 분석하고 해결하려는 구체적인 행동 플랜을 실행하는 습관이 없다.

만일 평소에 긍정적인 당신이 벽에 부딪혀 슬럼프에 빠져 있다면 곰곰이 생각해 보길 바란다. 자신이 현실을 도피하는 '거짓된 긍정의 인간'인지 의심해 봐라.

올바른 해석이라고 굳게 믿는 초(超)낙관적인 주장이 문제를 직시하지 못하고 나태한 생활에 의존하는 또 다른 자신에게 맛있는 먹이를 던져 주는 대의명분에 지나지 않은지 말이다.

낙관주의자인 척하는 '거짓된 긍정의 인간'의 탈을 벗기면 눈앞에 드러나는 정체는 나태한 인간의 본모습이다.

하루라도 빨리 '입으로만 하는 위안은 아무것도 창조할 수 없다'는 사실을 자각해야 한다.

거짓된 긍정의 주문을 푸는 방법은 입버릇처럼 내뱉는 '어떻게든 되겠지'라는 말을 '반드시 하겠다'로 바꾸고 객관적이면서 구체적인 해결 플랜을 실행에 옮기는 것이다. 이 방법밖에는 없다.

87 잊었을 만할 때에 찾아오는 '낙관'을 생각하라

영업은 잘하면 잘할수록 재미있고 즐거워진다.

단, '재미있다', '즐겁다'라는 감정은 높은 목표를 이루거나 난해한 문제를 해결해서 단계가 하나, 둘씩 올라갔을 때의 성취감, 달성감 그리고 감동과 함께 찾아온다.

그런데 어설픈 영업사원은 이를 잘못 생각하고 있다. 업무 전체를 큰 관점에서 아울러 봤을 때에 '즐겁다'라는 것이지 결코 높은 목표를 향해서 피나는 노력을 할 때나 어려운 문제를 해결하려고 이리저리 뛰어다닐 때에 즐거운 것이 아니다. 오히려 그런 단계에서는 힘든 일밖에 없다.

그래서 정확하게 표현하자면 '즐겁다'가 아니라 '즐거웠다'가 맞고 진행형은 성립되지 않는다. 진정한 '낙관(樂觀)'은 나중에 잊었을 만할 때에 찾아온다.

사실 영업의 현실은 녹록하지 않다. 굳은 각오로 현실과 맞설수록 힘들고 지친다.

그렇기에 고난을 극복했을 때에 그 고통을 잊어버릴 정도로 '즐거웠다'고 진심으로 말할 수 있는 것이다.

'즐거웠다'는 감정이 영업사원의 잠들었던 의지를 깨어내어 그다음

과제로 도전해 나가는 힘을 북돋아준다.

이런 식으로 반복되는 '즐거웠다'는 감정과 함께 영업 실적은 더욱 더 향상된다.

스테이지를 차례로 클리어하며 레벨−업하는 고난이도 게임을 한다는 생각으로 예측 불허의 함정이나 장애물을 공략할수록 즐겁고 재미있어지는 것이 진짜 영업이다.

그런데 현실에서는 업무 그 자체에 '낙원'을 발견하려고 이리저리 헤매는 영업사원이 꽤 많다. 이래서는 평생 진정한 '즐거움'을 발견할 수 없다.

당신에게 일이 즐겁지 않은 이유는 무엇일까? 이제 그 이유가 명확해지지 않았는가?

진정한 낙관주의는 현재의 위치에 만족하고 최소한의 업무만 하면서 편하게 사는 것이 아니다.

최대한의 업무를 죽을 고생을 해서 '즐기는 것'이다. 업무 속에 즐거워질 수 있는 뭔가를 계속해서 찾는 것이다.

진정한 '낙관'은 잊었을 만할 때에 찾아온다. 그렇게 생각하는 것만으로도 '즐거워'질 수 있지 않은가?

88 보복이 돌아오기 전의 '거만함'을 알라

인생의 파도가 상승세를 타고 있을 때에 사람들은 대개 '겸손'을 잊고 산다. 설령 하향세를 타기 시작했어도 곧바로 눈치채기 어렵다.

여기서 무서운 것은 당신의 '거만함'이다. 원래는 개선하는 것이 마땅한데도 그런 귀띔을 해 주는 팀원의 조언을 '불평', '질투'로 받아들이거나 문제 상황을 정확하게 지적한 상사와 선배의 경고도 '설교', '참견'으로 여긴다.

'벼는 익을수록 고개를 숙인다'라는 자기 스스로를 경계하라는 속담이 있는데, 대개의 경우 호조세가 이어지면 거만해지면서 겸손을 잃고 만다.

자기 말에 반기를 들지 않는 '예스맨'하고만 가깝게 지내려 하고 거만한 태도로 부하를 거느리기 시작하면 그다음은 시간문제다.

더디든 빠르든 반드시 보복이 찾아온다. '거만해지지 마라'는 시련에 뒤통수를 맞고 피노키오처럼 길어진 코가 꺾일 것이다.

그런데도 '그럴 리 없다'며 큰 소리를 뻥뻥 치며 정신을 못 차리는 사람도 있다. 멍청하게도 호조세였던 때의 환상에 빠져서 망연자실한 채로 도태되는 '한때 잘나갔던 사람'도 적지 않다.

이들은 '고객 덕분이다', '동료 덕분이다'라는 사실을 잊고 '내가 대단하다', '나의 공적이다'라며 거만하게 행동한 결과 자기편 사람들을 모두 놓치고 만 것이다.

그렇기에 이들이 나락으로 떨어져 좌절을 맛보는 것은 필연이다. 그런 처지에 놓임으로써 비로소 지옥에서 벗어나려고 '자신을 경계'하기 시작할 테지만 말이다.

단, 마음을 고쳐먹고 '겸손함'을 되찾으려고 할 때까지는 좋다. 그런데 간혹 '겸손함'을 오해하는 사람이 있다. '자기 비하'의 늪에 빠지고 마는 것이다. 실패가 너무 큰 나머지 자신감을 잃는 것이 무리는 아니지만 겸손과 '비하'는 정반대의 의미다.

겸손은 고개를 숙이며 비굴하게 고객의 동정을 사는 것이 아니다. 자기주장을 제대로 펼치지 못하고 동료의 일방적인 언행에 휘둘리는 것도 아니다. 고압적인 상사의 수족이 되어서 복종하는 것도 아니다. 비굴하지 않은 '진정한 의미의 겸손함'이 없으면 좋은 성과를 낼 수 없다.

'○○의 덕분이다'라는 겸손과 겸허의 힘을 발휘하면 비로소 고객과 동료가 참된 응원을 보내 주는 선순환이 생기고 실적은 가파른 상승 곡선을 그려나갈 것이다.

89 상대방을 비하하기 전에 겸손한 마음을 갖어라

영업 조직은 능력과 스킬은 높지만 인간적으로 미성숙한 사람들의 집합체다.

조령모개(朝令暮改)는 당연지사에 말을 이랬다저랬다 바꾸는 영업본부장. 어려운 문제를 강압적으로 들이밀면서 화를 내는 지사장. 자기중심적이면서 거만한 태도를 보이는 영업 매니저. 질투의 화신이자 괴롭힘의 달인인 경쟁자 동료. 피해를 끼쳤어도 조금의 반성도 없이 저돌적으로 앞만 보고 달리는 신입 사원 등이 모인 단체다.

'이런 사람들은 저질 중의 저질'이라고 외치는 당신의 마음속 분노가 들릴 것만 같다. 당신은 이들을 심판대에 올려놓고 쳐내고, 또 쳐내며 판결을 내리고 있지 않은가?

비난과 비판을 퍼부어 주고 싶은 당신의 기분을 누구보다 잘 안다. 재판관이 되어서 '극형'에 처하고 싶은 마음도 통감한다.

하지만 나는 그런 분노의 이면에 숨겨진 당신의 교만함에 위험을 느끼라고 조언하고 싶다. 남을 비난하려고 할 때에 당신은 '나는 그들과 다른 인종'이라며 상대방을 비하하고 있지 않은가? '나는 좋은 사람, 그들은 나쁜 사람'이라는 윤리관으로 구별하고 있지 않은가?

물론 당신이 비난만이 하는 것이 아니라, 그들을 반면교사로 삼고 있다는 것도 잘 안다. 다만 걱정스러운 부분이 그런 반면교사 속에 교만함이 엿보인다는 것이다. 교만이라고 볼 수 있는 착각이 언젠가 과오를 낳을 수도 있다는 점을 자각해야 한다.

상대방을 비하하기 전에 오히려 겸손한 마음으로 자기 자신을 평가해보자. 자신에게 남을 비하하며 비난할 자격이 있는지, 자신은 항상 완벽한지 등 스스로 반성의 시간을 갖는 것이다.

'나는 그런 사람이 아니다'가 아니라 '나는 그런 짓을 하지 않도록 조심하자'라며 본인의 태도를 다잡는 마음가짐을 항상 가져야 한다. 이것이 진정한 의미의 반면교사다. 앞으로는 정의의 가면을 쓰고 남을 비난하는 '거짓된 재판관'이어서는 안 된다.

비난하는 당신과 비난받는 상대방은 고작 종이 한 장 차이다. 어쩌면 당신도 자기가 모르는 사이에 어딘가의 누구에게 비난받고 있을지도 모른다. 이렇게 생각하는 편이 현명하다.

한편 남을 비하하고 얕보다 보면 그런 사람들의 어리석은 행동을 위안으로 삼고 안심하는 거만함도 생길 수 있다. '저 사람은 참 바보구나'라며 남을 얕보면서 안심할 것이 아니라 '그 사람의 어리석음'과 '제쳐놓은 자신의 어리석음'을 비교해 보는 것이 어떨까?

90 '기분'을 컨트롤하라

아침을 힘차게 시작하지 못하는 날도 있다. 고객의 불평에 대처하느라 곤혹스러운 날도 있다. 처리해야 할 업무가 산더미처럼 많은 날도 있다. 할 일 없이 따분한 날도 있다. 동료와 다투는 날도 있다. 중요한 서류를 분실해서 우울한 날도 있다. 몸 상태가 별로인 날도 있다. 가족이 아파서 입원하는 날도 있다. 실적 부진으로 의욕이 없는 날도 있다.

이럴 때는 누구나 기분이 나쁘다. 마음속이 복잡하고 심기가 불편하다.

당신의 이런 기분에 동료들은 민감하게 반응한다. 당신이 기분이 좋을 때는 가까이 다가지만 기분이 나쁠 때는 멀리 떨어져서 바라보는 등 미묘한 거리감을 유지한다.

고객의 앞에서는 더 그렇다. 당신은 눈치채지 못하겠지만 불편한 심기나 우울한 기분은 감추려고 해도 감출 수 없다. 수많은 영업사원이 자신의 그런 심기 불편한 모습을 자각하지 못한다. 타인의 기분이나 감정에는 민감하게 반응하면서 자신에게는 의외로 둔감하다.

말해두겠는데, 당신이 자신의 감정 위주로 불안, 초조, 우울한 상태로 있으면 다양한 인연과 영업 기회는 멀리 달아난다.

따라서 당신은 '기분이 최고로 좋아 보이는' 최고급 양복을 걸쳐 입고 자신의 감정을 컨트롤하는 강인함을 발휘해야 한다. 큰 사고를 당했을 때조차 '최고의 기분'을 잃지 말고 우울한 감정을 내비쳐서는 안 된다. 즉 뭔가가 얽매여 있는 듯한 나약함을 보여서는 안 된다.

그렇다고 팽팽하게 긴장한 상태(high-tension)로 행동하라는 뜻은 아니다. 무엇보다 마음의 안정이 중요하다.

영업사원의 인생에는 세 개의 고개가 있다고 한다. 오르막 고개와 내리막 고개 그리고 '설마(?)라는 고개'다. '내리막 고개', '설마(?)라는 고개'에서 당신을 구해 주는 것은 바로 '최고의 기분'이다. 상승세를 타는 영업사원의 인생을 바라더라도 현실은 제트코스터를 탄 것처럼 인생에는 굴곡이 있다. 자신의 힘으로 도저히 벗어날 수 없는 불운도 있다.

이때는 하늘이 자신을 '시험하고 있다'고 생각하면 된다. '이런 역경 속에서도 최고의 기분을 유지할 수 있는지'를 하늘이 시험하고 있다고 받아들이는 것이다. 불우한 환경이나 슬럼프도 제트코스트를 탄 것처럼 즐길 수 있다면, 사태는 단숨에 해결 방향으로 호전되기 시작할 것이다.

어차피 오르막 고개, 즉 실적이 호조세를 타는 시기는 그리 오래가지 않는다. 내리막 고개의 역경을 최고의 기분으로 즐기고 하늘을 올려다보면서 당당하게 걷는 수밖에는 달리 길이 없다.

91

'푸념'을 봉인하고
자신의 발로 걸어라

어쩌면 당신은 불합리한 일에 불평과 불만이 풀리지 않은 채로 일이 뜻대로 진행되지 않아 우울하고, 영업 실적도 오르락내리락 불안정한 현실에 '운이 더럽게 없다'며 푸념을 늘어놓고 있지 않은가?

가령 고객에게 배신을 당하고 다른 사람을 믿지 못하는 고민도 있을 것이고, 새로 부임한 무서운 매니저에게 호되게 혼나는 일도 있을 것이다. 주가 폭락으로 인한 불황 탓에 수입이 반토막 나는 일도 있을 것이다.

그런데 이는 어쩔 수 없는 일이다.

고객은 자신을 비추는 거울이기에 모든 인간관계는 자업자득이다. 자신의 권력을 이용해서 부하를 괴롭히는 상사는 적든 많든 어느 조직에나 존재한다.

경기라는 것은 원래 불안정한데 그런 것에 기대를 거는 것 자체가 이상한 행동이다.

그렇다면 이런 불합리한 상황에 대해서 '푸념'을 늘어놓고 낙심하는 것은 '이중 고통'이 아닌가? 고통을 이중으로 겪는 것은 억울하지 않는가?

이제부터는 이런 혹독한 현실을 '스스로가 선택한 결과'라고 해석하고 그대로 받아들여야 한다.

실령 그 선택이 '오답'이었다며 후회하는 시련이 찾아 와도 언젠가 '이런 실패도 실은 "정답"이었음을 반드시 보여주겠다'는 기개야말로 현재 상황을 돌파하는 영업의 힘을 북돋아 준다. 이런 해석이 쌓이고 쌓여서 향후 5년, 10년까지 유지되는 성과를 낳는 법이다.

그러려면 절망하지 않도록 당신의 긍정적인 멘탈리티(mentality)를 철저하게 갈고 닦아야 한다.

항상 어떤 일이든 있는 그대로 긍정적으로 해석하고 '이 또한 정답으로 만들겠다'고 부르짖어야 한다.

나중에 '그래 맞아, 그때 그런 일이 있었기에 지금의 성공이 있는 거야!'라는 인생 대역전의 해석이 '영업 파워의 원천'이다.

이제 당신도 끙끙대며 '푸념'만 늘어놓는 영업 방식을 졸업하고 온 마음을 다해서 주변의 모든 일을 '정답'으로 만들어 나가는 삶의 방식으로 진화하는 것이 어떻겠는가?

믿음직스럽지 못한 뭔가에 매달리는 일도 없고, 의존했던 누군가에게 배신당하는 일도 없는 영업 인생을 본인의 발로 직접 걸어가지 않겠는가?

92 지옥의 '피해자 병동'에서 빠져나와라

만일을 대비해서 자신이 무서운 전염병에 걸리지 않았는지, 자가 진단을 해보자.

여기서 말하는 '무서운 전염병'이란 영업사원의 인생을 파괴할 수도 있는 성가신 병원균을 가진 '남을 탓하는 병'이다. '남을 탓하는 증세'를 보이는 영업사원은 자신의 노력이 부족하거나 지식과 스킬의 수준이 낮은 것은 제쳐 두고 상품을 팔지 못하는 이유를 고객과 시장의 탓으로 돌린다. 부진한 영업 실적도 회사나 상품의 탓으로 돌리고 목표를 달성하지 못해서 받는 낮은 평가도 상사의 탓으로 돌린다.

모든 것을 자신이 아닌 '남의 탓'으로 돌려버린다. 피해자인 척하는 '남을 탓하는 환자'는 바이러스에 감염되어 있음을 알아차리지 못한다.

눈앞의 과제를 직시하려 하지 않고 그 원인을 자신 이외의 다른 것으로 전가하고 누군가를 원망하거나 뭔가에 화풀이를 한다. 피해자 의식으로 똘똘 뭉쳐져 항상 분개한다. 남에게 책임을 전가한 채로 포기의 경지를 헤맨다.

자각 증세가 없는 피해자 의식만큼 무서운 것도 없다.

완강하게 '자신은 나쁘지 않다'고 믿고 밖으로 발산하지 못하는 초조함으로 가득 찬 폐쇄적인 세계에서 '피해자 병동' 속으로 빨려 들어가고 만다.

결코 당신도 남 일이라고 단언할 수 없을 것이다. 그러니 세심한 주의를 기울여야 한다.

'남을 탓하는 바이러스'에 감염되지 않도록 자신을 지키려면 면역력을 높이고 감염 경로를 차단해야 한다.

'누구의 탓도 아니다. 모두 내 탓이다'이라고 자각하고 여러 번 반복적으로 되뇌어야 한다. 그리고 가능하면 '남을 탓하는 환자'에게 가까이 다가가지 말아야 한다.

'남을 탓하는 바이러스'는 증식을 멈출 줄 모른다. 아주 빠른 속도로 전염되는 것도 모자라 그 세력을 크게 확장하면서 증식해 나간다. 그리고 영업사원이 송장이 될 때까지 먹어 치운다.

따라서 돌이킬 수 없는 일이 벌어지기 전에 하루라도 빨리 당신은 지옥의 '피해자 병동'에서 발을 빼야 한다.

남을 탓하는 비겁한 자신을 추방하고 자신에게 닥치는 모든 일은 '자기 탓'으로 받아들이고 깨끗하게 책임질 수 있는 '면역력'을 기르자.

항상 깔끔하고 청결하며 순결하고 건전한 영업 활동을 하길 바란다.

병원균이 발을 못 붙이는 투명하고 깨끗한 마음을 유지하자.

93 단순한 방관자가 아니라 단 한 명의 '당사자'가 돼라

'영업 체제가 이래서는 안 된다. 누군가 어떻게 좀 해줬으면 좋겠다'는 말을 들은 적이 있다. 실제로 살다보면 본인의 힘으로 어쩔 수 없는 일이 있기 마련인데, 마법사처럼 '누군가'가 그 사태를 명쾌하게 해결해 주는 일은 거의 없다. 누군가가 해 주길 기대하면 오히려 일이 심각하게 꼬이고 결국은 자기가 자기 목을 조르는 꼴이 된다.

본인은 '어떤 액션도 취하지 않고' 상황의 흐름에 맡긴다고 해서 상황이 개선될 만큼 영업 조직은 그리 녹록하지 않다. 그렇다면 도대체 누가 현재 상황을 타개해 줄 것인가?

상사인가? 회사인가? 아니면 신(神)인가?

당사자 의식이 없고 멀찍이서 방관자처럼 그저 바라보기만 좋아하는 영업사원은 항상 '타력본원(他力本願, 남에게 의지해서 일을 이루려는 것)'의 자세로 기도한다. 하지만 타력본원의 자세로는 행운도 아군이 되어 주지 않는다. '타력본원의 절'에는 '신'도 '부처'도 없다.

따라서 제일 먼저 본인이 행동에 나서고 상황의 흐름을 바꿔야 한다. '누군가가 해 주겠지?'가 아니라 '당신이 해야' 한다. 당신이 용기를 내서 움직여야 한다. 1센티미터라도 좋다. 아니, 1미리라도 좋다. 당신이 행동하면 '결과'가 움직일 것이다.

당신(조직)의 고정관념, 지식은 이제 구식이라 더 이상 통용되지 않는가? 그렇다면 다시 한 번 초심으로 돌아가서 정보를 수집하고 열심히 공부해야 할 때일지도 모른다.

당신(조직)의 세일즈 스킬은 이제 구닥다리인가? 그렇다면 다시 한 번 초심으로 돌아가서 세일즈 토크를 재정비하고 롤 플레이 연습을 해야 할 때일지도 모른다.

당신(조직)의 활동량이 떨어지고 있는가? 그렇다면 다시 한 번 초심으로 돌아가서 자료를 분석한 정확한 자기 평가를 실시하고 새로운 시장을 개척해야 할 때일지도 모른다.

당신(조직)의 정신 상태(mentel)가 부정적인가? 그렇다면 다시 한 번 초심으로 돌아가서 꿈과 목적을 향한 굳은 목표를 다시 세워야 할 때일지도 모른다.

가령 당신의 눈앞에 쓰레기가 버려져 있다면 다시 한 번 초심으로 돌아가서 그 쓰레기를 주울 수 있는 '더렵혀지지 않은 순결함'이 필요한 때일지도 모른다. 소폭이라도 좋으니 어떡해서든 한 발을 내딛고 당시자로서 행동을 꾸준히 이어나간다면 그것이 쌓이고 쌓여서 '새로운 활로'가 반드시 열릴 것이라고 믿고 능동적으로 움직여야 한다.

94 이상理想과 마주하고 솔선해서 '책임자'가 되라

요즘은 승진을 바라지 않고 평생 편하게 영업사원으로 일하고 싶다며 '책임자의 길'을 꺼리는 사람이 급증하고 있다.

경영 관리(management)는 힘들어 보여서 싫다, 프로젝트 리더처럼 성가신 역할도 맡고 싶지 않다고 말한다. 수입이 늘어나는 만큼 업무도 과중될 테니 급여는 먹고살 정도면 된다고 말한다. 결혼이라는 제도에 얽매이고 싶지 않아서 당분간은 독신이어도 좋다고 말하기도 한다.

가능하면 '책임'에서 벗어나고 싶은 것이다.

그런데 진정으로 그런 '무책임'한 삶의 방식에 만족하는 것일까? 정말로 출세하고 싶지 않은 것일까? 정말로 고수입을 바라지 않는 것일까? 정말로 결혼을 하고 싶지 않은 것일까? 만일 진심으로 그렇다면 머리 숙여 사죄하겠다.

어떻게 살든 당신의 자유이니까.

하지만 어딘지 모르게 '솔직해' 보이지 않는 것은 나 혼자만의 착각일까?

내 생각에 분명 속마음은 그렇지 않은 것 같다. 출세도 하고 싶고 돈도 갖고 싶고 가정도 꾸리고 싶고 사랑이 넘치는 행복한 삶을 살고 싶을 것이다.

그렇다면 진심으로 자기 자신과 마주해야 하지 않을까? 일단 '이상 (理想)'과 정직하게 마주하는 것이 행복한 영업사원의 인생을 여는 시작점이 될 것이다.

타협하지 않고 포기하지 않고 좀 더 자신의 인생을 소중히 여기며 살아야 한다.

어차피 살아있는 한 다양한 '책임'에서 벗어날 수 없다. '책임'에서 도망치기만 하는 도망자는 언젠가 미로에 갇히고 만다. 그리고 고난은 돌고 돌아서 언젠가 파도처럼 밀려온다. 유감스럽게도 '도피 생활'은 그리 오래가지 못한다.

고난은 따분하고 보람 없는 일상일까?

인내를 강요하는 최소한의 삶일까?

사랑이 없는 고독한 인생의 말로일까?

어떤 고난이든 그것을 피하려면 자신의 인생을 '책임'지고 열심히 성장해 나가겠다고 각오를 다지는 것 외에 달리 방법이 없다.

일단 아무리 작은 영업 업무라도 책임자로서의 자각을 잊지 말아야 한다. 책임을 지는 자세를 유지해야 한 단계 높은 성숙한 영업사원으로서 확실하게 발전해 나갈 수 있다.

95 성심성의껏 '효도'하며 영업의 혼sprit을 닦아라

내가 외국계 생명보험사의 지사장으로 100명 이상의 정예 부원을 이끌었을 때의 일이다. 모든 영업사원의 부모님께 편지를 보낸 적이 있다. 자녀의 사내 활동에 관한 내용을 담은 편지였다. 각자가 자신의 특징을 살려서 얼마나 열심히 일하고 있는지, 회사를 위해서 얼마나 헌신적으로 일하고 있는지 등에 대해서 적었다. 편지를 받은 많은 부모님께서 손수 답장을 보내주기도 했는데, 자세히 살펴보니 다음과 같은 경향을 발견할 수 있었다. 바로 실적이 우수한 영업사원의 부모님이 보내 주는 답장의 비중이 많았고 그 내용도 깊었다.

나는 답장을 읽고 영업사원들이 부모님께 효도하는 모습을 떠올릴 수 있었고, 부모와 자식 간의 관계가 좋을수록 영업 실적이 높다는 사실도 알 수 있었다. 이는 부모에게 감사하는 마음 없이는 진정한 성공을 이룰 수 없다는 증거다.

최우선으로 삼아야 할 효도를 '부끄럽다', '멀리 떨어져있다', '언젠가 할 것이다'는 핑계로 뒷전으로 미루는 영업사원은 좋은 실적은 물론, 눈부신 활약상도 기대할 수 없다.

부모만이 아니라 감사의 마음을 상대방에게 전달하는 것은 성공을 거머쥔 사람들의 대원칙이다. 자신을 낳고 길러준 큰 은인인 부모를 내팽개치고 고객에게 겉만 번지르르한 배려를 베푼들 공허한 마음속의 '모순'은 사라지지 않는다. 그래서 불효자는 실적 우수자가 될 수 없다. 부모에게 걱정을 끼치는 어리석은 행동은 논할 가치조차 없다. 설령 실질적인 효도는 못 하더라도 적어도 회사에서 활약하는 모습을 통해서 부모를 안심시킬 수 있다면 이 또한 최고의 효도가 아닐까? 이미 부모가 세상을 떠난 사람도 산소를 찾아가서 깨끗이 청소하거나 꽃을 올리며 기도하는 것도 좋지 않을까?

은혜에 보답하는 감사의 마음이 가장 소중하다. 어떤 형태로든 효도할 수 있다면 당신의 영업 실적은 상승세를 탈 것이다. 참고로 나는 효도를 잘하는 편이다. 내 입으로 말하기 부끄럽지만 자부할 수 있다. 우리 집은 삼대가 같이 사는 7인 가족이다. 연로하신 부모님을 부양하고 매달 용돈을 많이 드린다. '수입이 넉넉하니 효도도 쉽게 한다'며 비꼬는 사람이 있을지도 모르겠지만 나에게는 확신이 있다.

연봉이 높아서 효도를 할 수 있는 것이 아니라 '효도를 해서 높은 연봉을 얻게 되었다'고 말이다. 부모님과 같이 살기 시작하면서 영업 실적이 가파르게 올랐기 때문이다. 오랜 염원이었던 책을 출판하고 작가로서의 인생을 시작할 수 있었던 것도 그 무렵부터다.

96 '짜릿한exciting' 사람이 될 수 있는 장치를 만들어라

지사장이던 시절에 나는 팀원들 모두와 함께 매일 아침 '감사의 100초 연설'이라는 시간을 가졌다.

교대로 한 사람씩 마이크를 잡고 최근에 일어났던 즐거운 일화나 기쁜 소식을 50초, 오늘 일어났으면 하는 바람을 50초, 총 100초 동안 발표하는 것이다.

규칙은 아직 일어나지 않은 일도 '○○하는 행운이 따랐다'고 과거 완료형으로 당당하게 말하는 것이다.

거절당하는 일이 많은 영업의 세계에서 매일 좋은 일만 발표하는 것은 사실 힘든 일이다.

그렇기에 지극히 당연한 일상 속에 존재하는 행복이나 불행한 사건이 주는 교훈을 긍정적인 해석으로 풀어내어 감사 연설로 바꾸는, 이를 위한 트레이닝이 목적이다.

이렇게 긍정적인 사고의 연설을 공유하면 팀원은 서로에게 긍정적인 영향을 줄 수 있다.

발표자 지명은 내 담당이었기에 모든 팀원은 매일 아침 '좋은 일'을 생각하고 마음의 준비를 해둬야 했다.

내가 신호를 보내면 모든 팀원은 활기찬 모습으로 일제히 손을 들었다. 처음에는 단순히 거수하는 규칙이었는데, 나중에는 의자에서 일어나서 큰 소리를 지르거나, 점프해서 손을 휘두르거나, 춤추면서 뛰거나, 원숭이 흉내를 내면서 손을 드는 등 점차 내 동작은 현란해져갔다. 아침부터 나를 비롯해 다 큰 어른들이 사무실에서 날뛰는 모습을 보고 있으면 진지함에 가슴이 뭉클해질 정도였다.

이 '감사의 100초 연설'은 회사 전체에 화제가 되어 본부에서 주최하는 매니저 회의에서 동영상으로 상영되기도 했다. 물론 '좋은 사례'로 말이다.

이 '짜릿한(exciting)' 아침 회의의 효과로 기운을 얻은 우리 팀은 회사전체 평균 3배의 생산성을 올리는 No.1 챔피언 팀으로 성장했고 하와이 컨벤션 골드 프라이즈를 획득했다.

역시 입을 움직여서 말을 하고 몸을 움직이면 쾌락 물질이 몸속 구석구석을 돌면서 에너지가 샘솟나보다. 그래서 불필요한 겸손과 소극적인 자세, 수치심을 날려버리고 두려움에 굴하지 않고 모두가 짜릿하게 일할 수 있었던 것이다.

혼자 싸우는 당신도 자신이 짜릿해 질 수 있는 긍정적인 장치를 꼭마련하길 바란다.

97 '또 다른 당신another'을 내쫓고 직관으로 결단하라

천국? 아니면 지옥? 영업의 세계는 양자택일의 막다른 길로 내몰리는 일이 비일비재하다. 그런 절체절명의 상황에서 시원하게 올바른 결단을 내릴 수 있다면 얼마나 좋을까? 항상 정답만 선택할 수 있다면 당신의 영업 인생은 무사태평일 것이다. 그렇다면 도대체 어떻게 결단을 내리면 좋을까? 의외로 답은 간단하다.

순간의 '직관(直觀)'을 따르면 된다. '이치'가 아니라 '직관'으로 결단을 내리는 것이다.

단, 직관을 '감(感)'으로 오해해서는 안 된다. '감'으로 판단하는 직감과 다르다. 직관의 '관'에 해당하는 한자 '관(觀)'은 일어난 사실에서 눈을 떼지 않고 직시하는 것을 뜻한다. 마주하는 것이다. 즉 사실 속의 진실만을 있는 그대로 당신의 심안(心眼)으로 관찰해야 한다.

이렇게 근거 있는 '직관'으로 선택한 길이라면 틀림없다.

그런데 당신은 말도 안 되는 정당화를 들이밀면서 사실을 왜곡하기에 잘못된 판단을 내리는 것이다. '다른 사람들이 모두 하니까', '미움을 사고 싶지 않으니까', '혼나고 싶지 않으니까' 등 주체성 없는 판단은 자신을 위하는 것이 아니다.

'직관력'이 뛰어나지 않은 이유는 '당신이 위선자이기 때문'이다. '위선자인 당신'이란 주변 환경을 비롯해 분별력 없는 사람의 나쁜 영향을 받아서 우왕좌왕하는 당신 자신을 가리킨다.

나는 이 같은 '또 다른 자신'을 '어나더(another)'라고 칭한다.

'어나더'의 그늘에 숨겨진 당신은 이 세상의 진실도 인간관계의 본질도 제대로 '볼 수 없기에' '직관'이 둔해져 배신을 당하고 상처를 받고 지배를 받으며 다양한 '악의'에 휘둘리는 것이다. 그 결과, 위선자인 당신은 '더는 못 하겠다'며 자포자기하고 점점 더 단편적이면서 성급한 행동으로 치닫게 된다.

앞으로는 이미 정답을 알고 있는 '진짜 당신'이 내놓는 답에 귀를 기울이자. 어깨의 힘을 빼고 정직하게 정의라는 이름하에 있는 그대로 자기답게 결단을 내리자. 고결한 삶을 추구하며 '자존심'을 되찾을 수 있다면 진실이 보일 것이다.

신기하게도 '직관'이 뛰어나고 행운이 늘 함께하는 영업사원의 길로 당신을 이끌어 줄 것이다. 불행한 사람에게 휘둘릴 걱정과 염려도 사라질 것이다.

하루라도 빨리 자기 안의 '어나더'를 내쫓고 실속 있는 영업 시장을 구축할 수 있는 판단력을 되찾길 바란다.

98 최고의 스킬인 '고결함integrity'을 길러라

자신감을 잃었을 때는 무슨 일을 하든 잘 풀리지 않는다.

아무리 자신에게 '자신감을 갖자! 자신감을!'이라고 타일러도 뜻대로 되지 않는다.

사실 자신감을 잃게 만드는 근본적인 원인은 '자신은 가치가 없는 나쁜 사람이다'라는 정체 모를 '양심의 가책', '죄악감'이다.

'능력의 수준'과 '고결함의 수준'은 전혀 다른 차원의 것이라고 이해했으면 좋겠다. 예를 들어 롤 플레이를 잘하고 지식도 풍부한 사람이 있다고 하자. 하지만 아무리 능력이 탁월해도 '고결함의 수준'이 낮으면 영업 실적은 기복이 심하고 안정세를 찾지 못한다.

사전을 찾아보면 '고결함'은 '인격이 훌륭하고 사리사욕에 따라서 마음이 흔들리지 않는 것' 또는 '항상 엄격한 태도로 자신을 규율하고 타인의 존경을 받는 모습'이라고 나온다. '고결'의 유의어로는 '성실', '공평', '건전', '청렴', '윤리', '도덕', '정의' 등이 있다. 미국과 유럽에서는 고결함(integrity)의 의미를 단순한 성실함보다 '인격적으로 완벽해야 한다'고 정의한다.

여담이지만 유명한 공상 과학 영화 〈스타워즈〉를 보면 스카이워커와 오비완의 '악을 물리치는 정의'를 상징하는 우주선으로 '인티그리티

호'가 대활약한다.

실적이 부진한 영업사원은 '고결함'을 길러야 하는, 최우선으로 해야 할 노력을 게을리한다. 그래서 자신감이 붙지 않는 것이다.

인간은 누구나 '양심'이 있다. 영업사원으로서 성공하고 싶다면 그 양심을 잘 키우고 스스로 인티그리티 파워(고결함의 힘)를 갈고 닦아야 한다.

앞서 언급했듯이 '위선자'라는 '또 다른 자신'이 있다는 이론을 받아들이는 것은 어떤가?

당신이 '자신감'을 컨트롤할 수 없는 이유는 고결함이 결여된 무질서한 '또 다른 당신'이 '양심의 가책', '죄악감'을 양산하고 있기 때문이다.

'또 다른 위선인 자신'에게서 유체 이탈해서 멀리서 내려다보면 그곳에는 성급하게 행동하며 눈앞의 이익에 휘둘리는 당신이 보일 것이다.

고결함을 기반으로 한 삶의 방식으로 개선할 수 있을 때에 비로소 당신 안의 또 다른 위선자가 사라진다.

그러면 당신은 당신답게 '자신감' 넘치는 영업사원의 인생을 걸을 수 있다.

99

'유언장'을 쓰고
마지막 영업에 임하라

인간에게는 무덤에 들어갈 날, 즉 죽음이 반드시 찾아온다. 누구나 다 죽는다. 보편적인 사실이다. 안타깝게도 아무도 '그때'를 피할 수 없다.

또한 안타깝게도 아무도 '그때'가 언제인지 알 수 없다. 그래서 우리는 그런 끔찍하고 두려운 사실을 일상 속에서 거의 떠올리지 않는다. 그런 채로 살아간다.

여기서 한 가지 질문을 하겠다. 언젠가 죽음을 맞이할 한정된 영업 사원의 인생을 구가하길 바라는 당신에게 묻겠다. 당신은 자신이 이루고 싶은 목표에 '기한'을 설정해 놓았는가?

내가 말하는 '목표'는 회사가 정해준 업무량이나 할당량(budget)이 아니다. 당신이 진정으로 바라는 인생의 목적과 목표를 가리킨다. 인생의 기한이 '죽을 때까지'라면 당신은 그때까지 이루고 싶은 바람이 있을 것이다.

하지만 '언젠가 이루어졌으면 좋겠다'는 그 바람은 내일의 죽음을 의식하지 못한 채 느긋하게 사는 사람에게는 이루어질 리 없다. 꿈꾸는 기분에 계속 취해 있으려면 결과를 향해서 돌진하기보다 뒤로 미루면서 살아야 하기 때문이다.

이렇게 나약한 당신일지라도 현실에서 회사가 정해준 마감일이 다가오면 '이래서는 안 되겠다'며 평소보다 더 큰 힘을 발휘하기 시작하지 않는가?

시작 단계에서는 '나중에'라며 뒤로 미루던 당신도 마감일 직전에는 결과물을 내야 해서 속된 말로 똥줄이 타는 것처럼 허둥지둥하지 않는가?

이와 마찬가지로 당장 내일 찾아올지도 모르는 '인생의 마지막=마감일'을 명확하게 의식할 수 있다면 목표를 향해서 적극적으로 돌진하는 힘이 생기고, 속도와 활동량 모두 비약적으로 상승할 것이다.

그러려면 반드시 내일의 죽음을 각오하고 가족 앞으로 '유언장'을 하나 작성해 두길 바란다.

인생의 마지막 날이 다가오고 있다는 현실을 의식하면서 내일의 죽음과 진지하게 마주하기 시작하면 진심으로 자신이 하고 싶은 일과 목표 등 자기다운 삶의 방식이 보일 것이다.

<u>마감일이 내일이라는 각오로 오늘이라는 하루를 '열심히 살자.'</u> 그러면 당신의 1일, 1시간, 1분, 1초가 빛나기 시작할 것이다.

'나중에', '언젠가'는 영원히 찾아오지 않는다. 인생의 마감일은 '오늘', '지금', '곧'이다.

100 인생이라는 영업 드라마의 '주인공'을 연기하라

건방지다는 비난을 받을 것을 각오하고 말하는데, 나는 신출내기 영업사원 시절부터 '내가 회사의 중심적인 존재'라고 생각하고 일했다. 지사장이 되었을 때도 경영진에 영합하지 않고 '내가 최고(top)'라는 의식을 갖고 행동했다. 직원 6만 명이라는 대기업으로 막 이직했을 때조차도 '주인공'은 항상 나 자신이었다. 지금은 영업 본부의 중심부에서 일하고 있는데, 신규 채널을 기초부터 쌓아올린 첫 번째 한 방울(한 사람)이 나 자신이고 실제로 내가 '주인공'이 아니었다면 큰 강(수백 명)이 될 수 없었다고 자부할 수 있다.

영업 조직이라는 무대의 '주인공'은 항상 자기 자신이고 나는 기분 좋게 드라마 속의 유일무이한 개성파 배우로 '주인공'을 '연기'할 수 있었다.

영업사원이 100명이라면 100가지의 드라마가 존재한다. 설령 평범하기 짝이 없더라도 당신에게도 당신만의 인생 드라마가 있고, 그 드라마에서 당신은 절대로 없어서는 안 될 '주인공'이다.

드라마 주인공도 당신이고 '각본가'도 당신이다. 고객과의 관계, 조직의 역할 분담은 모두 당신 자신이 창조한 산물이고 각본가인 당신 자신이 그린 이야기다. 당신은 각본을 자유롭게 다시 쓸 수 있는 주인공이고 당신 주변으로 보이는 영상은 '연출가'인 당신 자신이 즐기며 촬영한 것들이다.

당신의 의지가 현실을 만들어 나가는 것이다.

때로는 드라마 주인공에게 시련과 고난이 닥치기도 한다. 그런 사건과 사고가 없다면 이야기는 따분하다.

결말에는 반전이 있고 정의가 반드시 승리한다. 당신은 회사에 혹사당하는 조연이나 엑스트라가 아니라, 회사는 당신의 인생을 연출하기위한 '영광스러운 무대'라는 의식을 가질 수 있다면 당신의 매일은 반짝반짝 빛날 것이다.

주인공인 당신이라면 불굴의 정신으로 고난을 극복하고 끝까지 포기하지 않고 최선을 다해서 영업 목표를 달성할 수 있을 것이다.

주인공인 당신이라면 항상 영업팀의 선두에 서서 길을 개척하고 동료에게 선망의 대상이 될 수 있을 것이다.

주인공인 당신이라면 실패를 교훈으로 삼고 뭐든지 겸허하게 배우는 자세를 잃지 않고 고객에 대한 감사의 마음으로 신뢰 관계를 구축할 수 있을 것이다.

드라마 주인공은 언제나 멋지다. 그리고 해피엔딩이다.

225

당신의 마음속 깊은 곳에 잠들어 있던 '독기'가 눈을 떴는가?

아마도 이 책을 다 읽은 당신은 자신감과 의욕이 되살아나 지금 당장이라도 밖으로 뛰쳐나가서 영업을 시작하고 싶을 만큼 사기가 진작되지 않았는가?

'영업의 신(神)'이 전해 주는 소중한 조언을 통해서 당신의 영업 정신에 불이 붙었다면 그보다 기쁜 일은 없을 것이다.

이미 영업 실력 면에서 뛰어나지만 조금 더 실력을 높이고 싶은 마음에 이 책을 집어든 '당신'이라면 '범에게 날개'라는 속담처럼 당신의 양팔에 날개가 달릴 것이다.

100가지에 이르는 '영업의 신'에 대한 비결을 한 권의 책으로 정리하여 세상에서 가장 가치 있는 프리미엄급 영업 서적의 탄생은 예전부터 간절히 바랐던 나의 염원이다. 이 책이 세상 밖으로 나올 수 있게 되어서 매우 기쁘다. 제 아무리 '신이라도 눈물'이 날 정도다.

이 책은 가장 실천적인 기술(skill)과 가장 본질적인 전술(action), 가장 구체적인 습관(habit) 그리고 가장 자극적인 정신력(sprit)으로 구성되어 있는데, '이토록 농후한 콘텐츠를 담은 영업 지침서는 이제껏 없었다'고 크게 외치고 싶은 기분이다.

이 책에서 말하는 '독기'는 당신이 본래 갖고 있었지만 평소에는 발휘하지 못했던 강인한 인내심과 활동력을 끌어내어 이성과 지성, 사랑을 바탕으로 염원을 이루어 나가는 '엄청난 힘'이라고 정의할 수 있다.

'영업의 신이 들려주는 100가지 법칙'을 완벽하게 마스터한 당신이라면 이제 미래의 성공은 보장된 것이나 마찬가지다.
그 미래(내년)에 대해서 목청껏 소리 높여 허풍을 떨어도 '아무도 비웃지 못할 것'이다.

이 책이 오래도록 후배 영업사원들에게 읽히는 롱 셀러가 되기를 마음속 깊이 바라본다.

수많은 영업사원이 이 책을 접함으로써 '세상에는 무정한 사람만이 있는 것이 아니라 어려울 때에 도와주는 인정 많은 사람도 있다'는 것을 깨닫게 된다면 이보다 더한 기쁨은 없을 것이다.

마지막으로 출판의 기회를 비롯해 여러 도움을 주신 아스카출판사의 관계자 여러분께 감사의 인사를 전하고 싶다.

특히 후루카와 소이치 편집 담당자의 '영업의 신'과도 같은 정확한 조언과 '부처'와도 같은 가슴 따뜻한 격려 덕분에 이 책의 집필을 끝마칠 수 있었다.

모든 관계자 여러분께 깊은 감사의 인사를 전한다.

하야카와 마사루

역자 소개 | 이지현

이화여자대학교 의류직물학과를 졸업하고 일본 여자대학교로 교환 유학을 다녀왔다. 이화여자대학교 통번역대학원 한일번역과를 졸업했다. 현재 엔터스코리아 일본어 번역가로 활동 중이다.

　주요 역서로는《세상의 이치를 터놓고 말하다 : 괴짜 부자 사이토 히토리》,《흘러넘치도록 사랑하라》,《채소를 말리면 맛이 깊어진다》,《Win의 거듭제곱》,《칭찬이 아이를 망친다》,《세계의 법교육》,《인생에서 가장 소중한 것은 서점에 있다》,《사람은 들키지만 않으면 악마도 된다》,《스틸》,《예수의 언어》,《미루기 습관은 한 권의 노트로 없앤다》 등이 있다.

영업의 神신 100법칙

: 독기로 무장한 100가지 영업 철칙

1판 1쇄 발행　2019년 5월 2일
1판 3쇄 발행　2020년 6월 9일

지은이　하야카와 마사루
옮긴이　이지현
발행인　최봉규

발행처　지상사(청홍)
등록번호　제2017-000075호
등록일자　2002. 8. 23.
주소　서울특별시 용산구 효창원로64길 6 일진빌딩 2층
우편번호　04317
전화번호　02)3453-6111, 팩시밀리 02)3452-1440
홈페이지　www.jisangsa.co.kr
이메일　jhj-9020@hanmail.net

한국어판 출판권 ⓒ 지상사(청홍), 2019
ISBN 978-89-6502-287-9　03320

이 도서의 국립중앙도서관 출판시도서목록(CIP)은 e-CIP홈페이지(http://www.nl.go.kr/ecip)와 국가자료공동목록시스템(http://www.nl.go.kr/kolisnet)에서 이용하실 수 있습니다.(CIP제어번호: CIP2019012987)

자기긍정감이 낮은 당신을 곧바로 바꾸는 방법

오시마 노부요리 / 정지영
자기긍정감이 높은 사람과 낮은 사람의 특징을 설명하고, 손쉽게 자기긍정감을 올려서 바람직한 생활을 할 수 있는 방법을 소개하고자 한다. 이 책을 읽고 나면 지금까지 해온 고민의 바탕에 낮은 자기긍정감이 있다는 사실을 알고 모두 눈이 번쩍 뜨일 것이다.

값 12,800원 사륙판(128×188) 212쪽
ISBN 978-89-6502-286-2 2019/2 발행

세상에서 가장 쉬운 베이즈통계학 입문

고지마 히로유키 / 장은정
베이즈통계는 인터넷의 보급과 맞물려 비즈니스에 활용되고 있다. 인터넷에서는 고객의 구매 행동이나 검색 행동 이력이 자동으로 수집되는데, 그로부터 고객의 '타입'을 추정하려면 전통적인 통계학보다 베이즈통계를 활용하는 편이 압도적으로 뛰어나기 때문이다.

값 15,500원 신국판(153×224) 300쪽
ISBN978-89-6502-271-8 2017/4 발행

만화로 아주 쉽게 배우는 통계학

고지마 히로유키 / 오시연
비즈니스에서 통계학은 필수 항목으로 자리를 잡았다. 그 배경에는 시장 동향을 과학적으로 판단하기 위해 비즈니스에 마케팅이라는 기법을 도입한 미국 기업들이 많다. 마케팅은 소비자의 선호를 파악하는 것이 가장 중요하다. 마케터는 통계학을 이용하여 시장조사를 한다.

값 15,000원 국판(148×210) 256쪽
ISBN978-89-6502-281-7 2018/2 발행

혈압을 낮추는 최강의 방법

와타나베 요시히코 / 이주관 전지혜

저자는 고혈압 전문의로서 오랜 임상 시험은 물론이고 30년간 자신의 혈압 실측 데이터와 환자들의 실측 데이터 그리고 다양한 연구 논문의 결과를 책에 담았다. 또 직접 자신 혈압을 재왔기 때문에 혈압의 본질도 알 수 있었다.

값 15,000원 국판(148x210) 256쪽
ISBN978-89-90116-89-5 2019/3 발행

의사에게 의지하지 않아도 암은 사라진다

우쓰미 사토루 / 이주관 박유미

암을 극복한 수많은 환자를 진찰해 본 결과 내가 음식보다 중요시하게 된 것은 자신의 정신이며, 자립성 혹은 자신의 중심축이다. 그리고 왜 암에 걸렸는가 하는 관계성을 이해하는 것이다. 자신의 마음속에 숨어 있는 것이 무엇인지, 그것을 먼저 이해할 필요가 있다.

값 15,300원 국판(148x210) 256쪽
ISBN978-89-90116-88-8 2019/2 발행

치매 걸린 뇌도 좋아지는 두뇌 체조

가와시마 류타 / 오시연

이 책을 집어 든 여러분도 '어쩔 수 없는 일'이라고 받아들이는 한편으로 해가 갈수록 심해지는 이 현상을 그냥 둬도 될지 불안해 할 것이다. 요즘 가장 두려운 병은 암보다 치매라고 한다. 치매, 또는 인지증認知症이라고 불리는 이 병은 뇌세포가 죽거나 활동이 둔화하여 발생한다.

값 12,800원 신국변형판(153x210) 120쪽
ISBN978-89-90116-84-0 2018/11 발행

플로차트 한약치료

니미 마사노리 / 권승원

이 책은 일단 실제 임상에서 정말로 한약을 사용할 수 있게 하기 위한 입문서다. 그래서 한의학 이론도 한의학 용어도 일절 사용하지 않았다. 서양의학 치료로 난관에 부딪힌 상황을 한약으로 한번쯤 타계해 보자는 식의 사고방식이다.

값 17,700원 사륙변형판(112×184) 240쪽
ISBN978-89-90116-77-2 2017/8 발행

플로차트 한약치료2

니미 마사노리 / 권승원

기본 처방에 해당되는 것을 사용하면 될 것을 더 좋은 처방이 없는지 고민한다. 선후배들이 그런 일로 일상 진료에 고통을 받는 것을 자주 목격했다. 플로차트 2권은 바로 매우 흔하고, 당연한 증례를 담고 있다. 플로차트 1권을 통해 당연한 상황에 바로 낼 수 있는 처방이 제시되었다.

값 19,500원 사륙변형판(120×188) 256쪽
ISBN 978-89-90116-87-1 2019/2 발행

얼굴을 보면 숨은 병이 보인다

미우라 나오키 / 이주관 오승민

미우라 클리닉 원장인 미우라 나오키 씨는 "이 책을 읽고 보다 많은 사람이 자신의 몸에 관심을 가졌으면 하는 바람입니다. 그리고 이 책이 자신의 몸 상태를 파악하여 스스로 자신의 몸을 관리하는 방법을 배우는 계기가 된다면 이보다 더 큰 기쁨은 없을 것"이라고 했다.

값 13,000원 신국판(153×225) 168쪽
ISBN978-89-90116-85-7 2019/1 발행